対話を生みだす KP法

Kamishibai Presentation

アナログ
プレゼンテーションの
すすめ

川嶋 直 著
Kawashima Tadashi

みくに出版

YouTube　KP法チャンネル

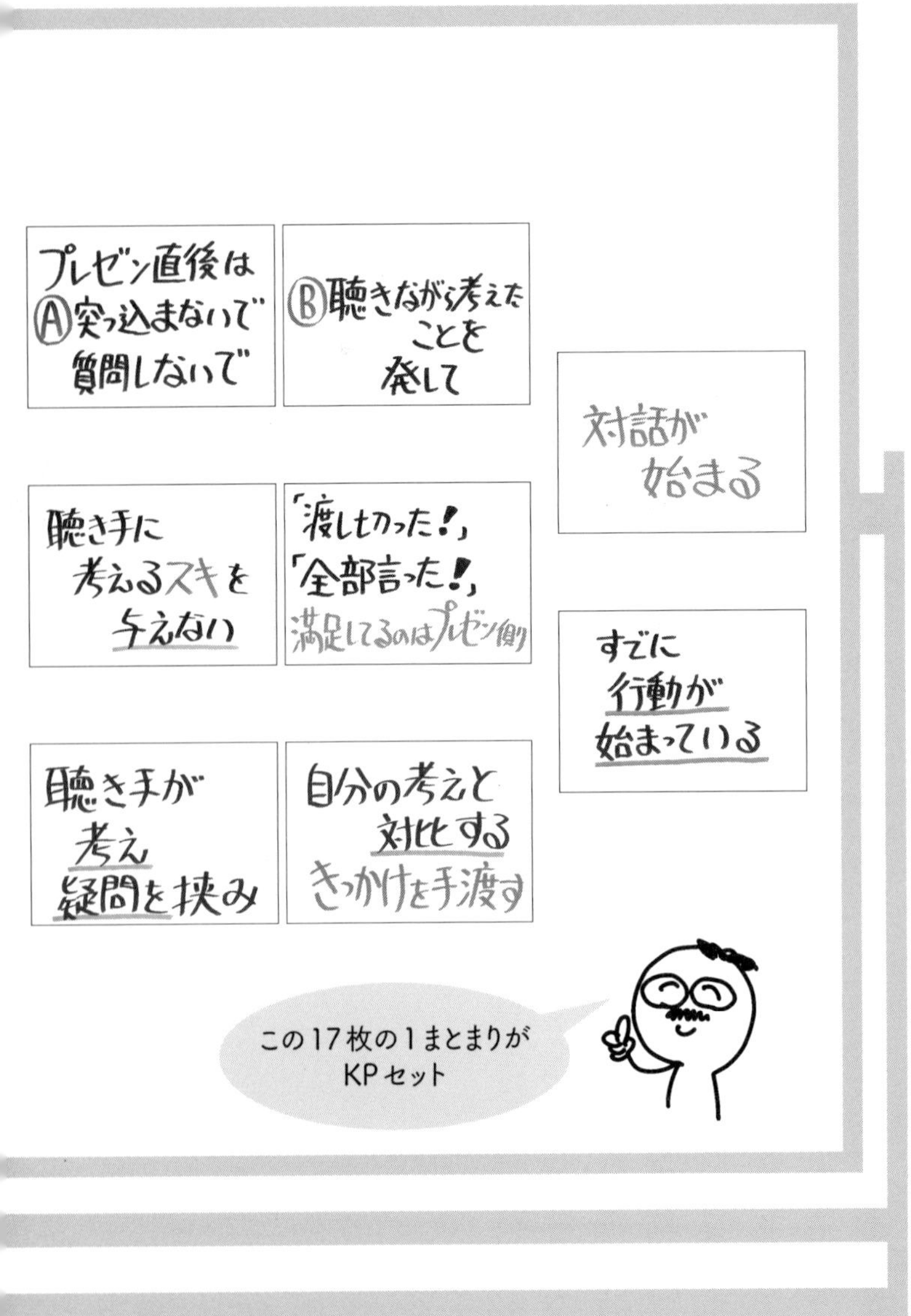
プレゼン直後は
Ⓐ突っ込まないで
質問しないで
Ⓑ聴きながら考えた
ことを
発して
対話が
始まる
聴き手に
考えるスキを
与えない
「渡し切った!」
「全部言った!」
満足してるのはプレゼン側
すでに
行動が
始まっている
聴き手が
考え
疑問を挟み
自分の考えと
対比する
きっかけを手渡す
この17枚の1まとまりが
KPセット

対話を生みだすKP法

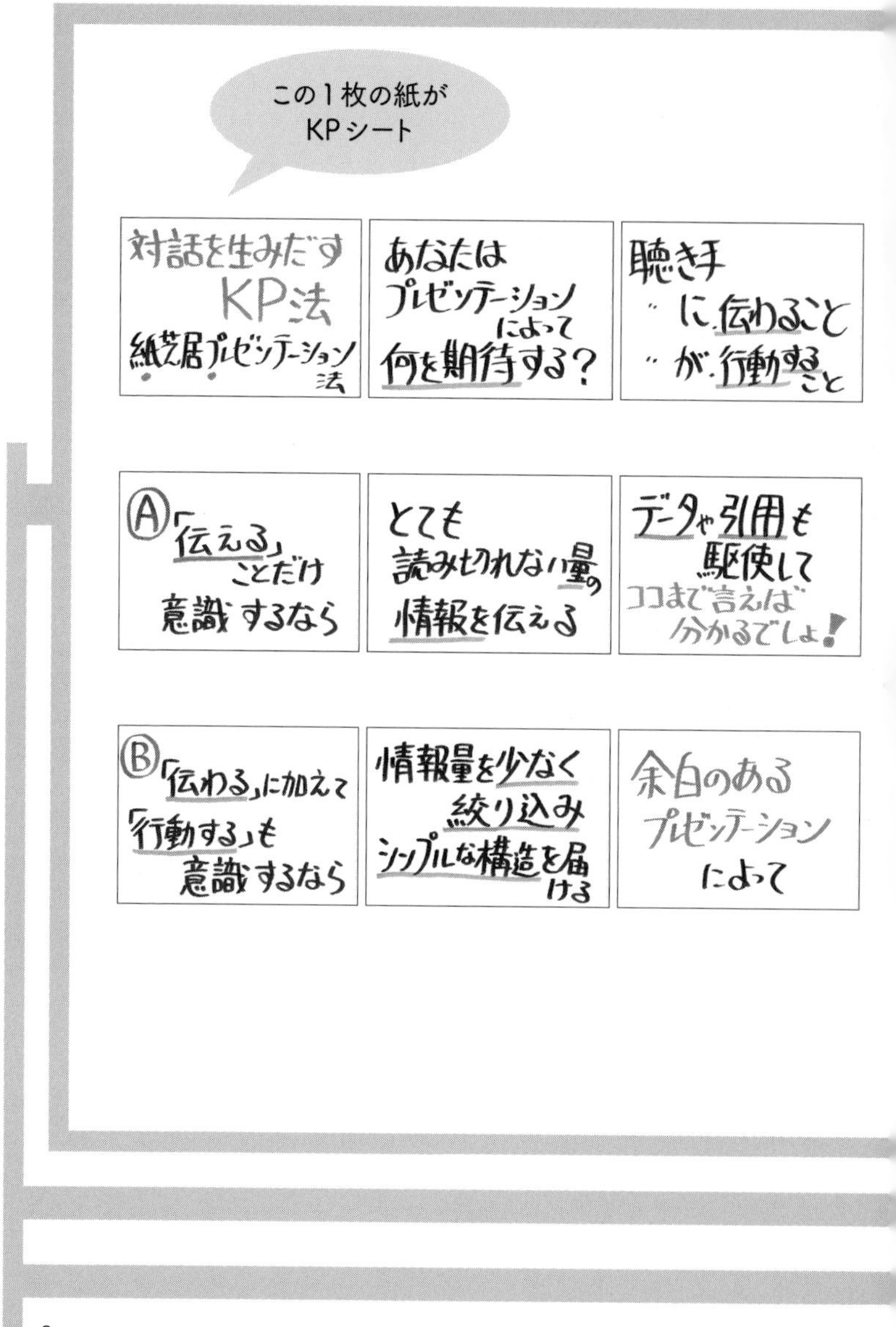
この1枚の紙が
KPシート
対話を生みだす
KP法
紙芝居プレゼンテーション法
あなたは
プレゼンテーション
によって
何を期待する？
聴き手
〃 に、伝わること
〃 が、行動すること
Ⓐ「伝える」
ことだけ
意識するなら
とても
読みきれない量の
情報を伝える
データや引用も
駆使して
ココまで言えば
分かるでしょ！
Ⓑ「伝わる」に加えて
「行動する」も
意識するなら
情報量を少なく
絞り込み
シンプルな構造を届ける
余白のある
プレゼンテーション
によって

はじめに

この本を手にしたあなたは「誰」だろう？　社内や社外でプレゼンテーションする機会が多いビジネスマン？　教室で生徒や学生に講義をする学校の教員？　商工会の皆さんに向かって新しい補助制度について説明する行政の職員？　あるいはこのように「人に伝える」ことが日常的な仕事ではないような方でも、この本を手にしてくれているかもしれない。もしもあなたが無人島で一人で暮らしているのでなければ、頻度の差はあるにせよ誰にだって「人に伝える」という機会は必ずあるだろう。何百人・何十人を相手に話すことはなくても、誰かを前に何かを伝える場面はきっとある。「うまく伝わらない」はおそらく全ての人の共通体験ではないだろうか。「自分は伝えるのが苦手だ」と、思っている人も多いだろう。「うまく／ちゃんと伝わる」とは一体どういうことなのだろうか？

さて、伝える前にあなたはどのくらいの準備をしているだろうか？　「前の晩ほぼ徹夜でプレゼン資料を作りましたよ」という方もいるだろう。確かにスライド作りには時間がかかる。でもスライドを作ることだけが準備ではない。この本では、全くアナログな方法、紙に太いペンで文字を書き、その紙をホワイトボード等に貼りながら話をする「ＫＰ法（紙芝居プレゼンテーション法）」という方法を紹介している。「伝え方」には、ラジオのように話し言葉だけで伝える方法がある一方、パワーポイントなどのプレゼンテーションソフトを使うもののように、話し言葉だけではなく、読む文字を同時に見せて伝える方法もある。どのような方法だったとしても「準備」は欠かせない。この本は「ＫＰ法」というアナログな伝え方を、準備の段階から丁寧に書いた本だ。

「パワーポイント　企業　禁止」で検索すると面白い。たくさんのページを見つけられるだろう。アマゾン（Amazon）、フェイスブック（Facebook）、トヨタ等、世界的に有名な企業で（部分的ではあるかもしれないが）、特に社内会議の資料としてのパワーポイントの使用を禁止しているという記事を見ることができる。禁止の理由は簡単だ。「社員の時間を奪っている」というのだ。僕はこの本で「準備が大事」と繰り返し書いている。発表のために時間をかけて準備をするのは良いことなのでは？という声も聞こえてきそうだが、企業がパワーポイントの使用を禁止している理由は、資料の無駄な装飾や見栄えのために、機能を駆使して不要な動きや装飾を詰め込み、いかにも内容が豊かなように錯覚させる資料作りに時間をかけることをなくしたいからだ。もっとシンプルな言葉で、シンプルな構造で伝えることを大切にしなさい、ということなのだ。

人がより理解しやすいようにと伝える方法を試行錯誤していったら、僕は自然にシンプルな方法に辿り着いた。手書きのシンプルな文字と、身体から発せられる言葉。これがＫＰ法の基本構造だ。スライドの大量の文字を読みながら、同時に話も聴かなくてはいけないプレゼンテーションと違い、ＫＰ法はシンプルで読む文字も少ないから、聴き手は考えながら文字を見て、話を聴くことができる。ここが、考えるスキを与えない物量プレゼン作戦とは大きく違うところだ。

余白があるから、そのプレゼンに対して疑問が浮かんだり、自分の代案を考えたりすることもできる。聴き手自身が「考える」から、そこに「対話」が生まれる。僕が辿り着いたKP法というプレゼンテーションは、「コミュニケーション」のひとつの方法だ。考えるスキを与えず、聴き手を黙らせ、こちらの言うことに同意させることを目的としたプレゼンテーションとは違う。KP法は、お互いが理解し合い、「対話」を生みだすための方法なのだ。

僕は1990年代から様々な場面でKP法を使ってきた。プレゼンテーションの機会が30年間週に1回だったとしても軽く千回は超えている。聴き手は毎回違う。環境問題などに興味のある人（高校生からシニアまで）、小中高校の教員、大学・大学院の学生、組織内研修に参加する企業人・行政職員……。企業研修の幅は広く、企画会社・印刷会社・放送番組制作会社・出版社・幼稚園・青少年教育施設・教育産業・市町村職員・国家公務員等だ。主催者が各団体である場合がほとんどだが、一般募集で集まった方々が対象の「KP法実践講座」のようなものも2013年の『KP法　シンプルに伝える紙芝居プレゼンテーション』出版以降全国で多く行ってきた。そうした講座には本当に多様な人達が参加してくる。

話す内容も、環境教育・ESD・SDGs・コミュニケーション・プレゼンテーション・インタープリテーション・エコツーリズム・体験学習法・事業（イベント）企画手法・研修設計手法・参加型の学びの場の作り方・自然体験活動・プログラムデザイン手法・オンラインでのコミュニケーション手法など、様々だ。

以上のように対象も内容も色々な僕のプレゼンテーション30年の経験から、いつの間にか身に付けてきたKP法というプレゼンテーション手法の「考え方」と「作り方」と「使い方」をできるだけ丁寧に書いたのがこの本だ。ただ、これは「あなたもこうやったらいいですよ。こうやりましょう」ということではなく、「僕はこうやっています」という紹介のニュアンスが強い。僕のやり方を全てお伝えするので、僕のやり方を参考にして、この本を読んでくれている人がそれぞれ、自分なりのプレゼンテーション法を作ってほしいと願いながら、書いた。

だからこそ、この本を書き進めていくうちに、KP法の作り方以前に、「お互いが理解し合うとは／分かり合うとはどういうことなのか？」といったことについて、自分自身はどういう考え方をベースにしているのかを、この本を読まれる方と共有しておかねばならないと考えるようになった。その考え方のベースとは、一言で言えば「体験学習法」だ。学習法だからコミュニケーションのあり方とは関係ないように思われるかもしれないが、人が何かを分かり理解していく（学習していく）プロセスでは常に「コミュニケーション」がある。それは「対話」と言い換えても良いかもしれない。常に何かと、誰かと、自分とコミュニケーションを続けながら僕たちは考え、分かり、理解し、通じ合っているのだ。

KP法というプレゼンテーションの基本にはこの考え方がある。まずはそこを共有し、僕、川嶋直のKP法を紹介しよう。

目次

第1章

プレゼンテーションの考え方

世の中には、「黙らせる」プレゼンテーションはいくらでもある。「どうだ！　分かったか？」とでも言わんばかりに、情報を畳みかけるように伝えるプレゼンテーション。聞いた直後では理解が追いつかないような質と量の情報をまくしたてられると、「すぐには反撃できない」という効果を生むことになる。これに対してKP法は、「黙って聴くな」的なプレゼンテーションだ。僕がKP法で行っているのは「提案・発問」のプレゼンテーションであって、「僕はこう思うけど、皆さんはどうですか？」と、講義の後に、聴き手に声を発してもらうことを期待している場合が多い。

さて、この本を読んでいる皆さんは、どんなプレゼンテーションをしたいと考えているだろうか？

「伝わる」とは？

聴き手のスタート地点に近づく

まず、「伝える」と「伝わる」の違いについてお話したい。言うまでもないことだが、「伝える」とは「行為」であり、「伝わる」とはその行為の結果得られる「成果」のことだ。その行為をしたからと言って、必ずしも成果が得られるわけではない。成果が得られない行為は巷にあまた転がっている。「行為と成果とどっちが大事か？」という問いも馬鹿げている。オリンピックじゃないのだから「参加すること（行為をすること）に意義がある」とは言えない場面が圧倒的に多いだろう。

ＫＰ法も、「伝わる」という成果を生むためのものではあるが、言うは易し、そう簡単に伝わることはない。

大事なことは、伝える側の頭の構造のまま伝えたのでは、聴き手にはなかなか理解されないということだ。聴き手はあなたと同じように、このテーマについて深く考えているわけではない。あなたがその問題に直面してから、何らかのことが「見えた」と思う地点に到着するまでの、あなた自身の考えの道筋を辿って示したところで、そう簡単には聴き手の共感は得られないのだ。

端的に言えば、聴き手の考え方や問題意識、様々なバイアスなどを理解して、その考えのスタート地点にできるだけ近づいてから、話を組み立てられるかどうかということなのだと思う。決して話し手のスタート地点から始めることがないように。「伝わる」ためには、聴き手の懐に入り込んで、そこにある疑問点・違和感・課題意識などへの共感からスタートすることが大切だと思うのだ。

聴き手が「ピンとくる」瞬間とは

自分が「ピンときた」瞬間を思い出してほしい。いや、この思い出し作業はなかなか大変なのだが、「ピンとくる」とは例えば以下のような瞬間なのではないだろうか？

・Aという言葉とBという言葉が、今の言葉でつながった。
・ずっと疑問に思っていたことが、今の説明でつながった。
・ずっと知りたいと思っていたことが、今の話でつながった。

様々なケースがあると思うが、目を開く、膝を叩く、「あっそうか！」と口に出す……。ピンとくる時とは「つながる」ことによって、分かる、気付く時のことである。さらに「これで人に説明できるようになる」という感覚を得た瞬間でもあるのではないだろうか。逆に言えば、伝える側が大切にすべきなのは、話を聴いてくれた人が、その話をさらに誰かに説明できる（伝えられる）ように届けることなのだ。

人に説明できるようになるために、一番大切なのが「短いフレーズ」だ。耳から入ってきた短いフレーズは、覚えやすく、忘れにくく、1回聞いただけで頭に残り、人に伝えようとした時にすぐに思い出せる。だから伝える時には、できるだけ、短く忘れられないようなフレーズを織り込むといい。そのフレーズを、聴き手はきっと誰かに話したくなるだろう。

そんな、「忘れられないフレーズ」に大切なのは、「短いこと」「ちょっとひっかかること」「類似の言葉がないこと」、そしてなによりも、「覚えやすいこと」だ。人気タレントの芸名、ヒットした曲や映画のタイトルなどは、大体この「短いフレーズ」のポイントを押さえているものが多い。

「話す・説明する・プレゼンテーションする」の違い

「話す・説明する・プレゼンテーションする」、この3つの行為は「言葉を発して誰かに聴いてもらう」という点では同じだ。しかしこの3つの行為には大きな違いがある。それは、言葉を発した人が得たいと思っている「成果」の違いだ。

「話す」ことによって得たい成果は「聴いてもらう」ことだ。「説明する」ことによって得たい成果は何か。「分かってもらう」ことだ。では、「プレゼンテーションする」ことで得たい成果は何だろう？　そう、「行動してもらう」ことなのだ。

期待する行動と言っても、様々な行動がある。通信販売のジャパネットたかたの創業者・高田明氏のプレゼンテーションが期待する行動なら「購入する」という行動、あるいはその前に「0120…」に電話をするという行動だろう。「今の政治に必要なのは、皆さんの声をもっともっと聴くことなのです」という選挙立候補者のプレゼンテーションが期待している行動は「投票する」という行動。「社長！　ここはぜひ私共のこの斬新な新規事業へのご理解を」というプレゼンテーションが期待している行動は、社長さんの「よし、それでいこう」という決断行動となる。

「話す・説明する・プレゼンテーションする」が期待する、それぞれの成果が違うという話をしたが、これをもう少し丁寧に分析してみよう。「話す」ことの期待する成果は先にも述べたとおり「聴いてもらう」ことだ。「説明する」ことの期待する成果は「分かってもらう」こと先ほど書いたが、その前に「聴いてもらう」ことが当然のように大事なことになる。同様に「プレゼンテーション」の期待する成果は「行動してもらう」ことだが、その前に「聴いてもらう」そして「分かってもらう」ことが必要となる。

KP法（紙芝居プレゼンテーション法）はプレゼンテーション手法の一つだ。目の前の誰かにあなたのプレゼンテーションを聴いてもらい、分かってもらい、そしてあなたが期待する行動に導くためのツールなのだ。もちろん複数のKPセットを使ってプレゼンテーションするような場面では、あるKPセットは最初のつかみで聴き手の関心を惹き付けるという成果が期待され、あるKPセットは説明的な内容で、聴き手に分かってもらうという成果が期待され、そして最後のほうのあるKPセットではようやく聴き手の行動を示す（期待する）KPセットになっているというように、各KPセットに別々の役割を与える場合もある。全てのKPセットがいつでも行動を期待する内容になっているべきだということではないので、そこは状況に応じてうまく活用してほしい。

KP法での講義の後には

僕が講義でKP法を使う時、以下のような時間の使い方をすることが多い。40分の持ち時間がある場合、例えばその時間は以下のように使う。

「KP法での講義（25分間）＋PKT（2〜3分間）＋Q&A（質疑応答）（10数分間）」

この場合のKP法での講義は、まさにその直後のPKTのためにあると言っても良い。「僕の講義を聴いて周辺の数人と言葉をかわすという行動をしたくなる」、そんな状況を想定（期待）して講義を準備し、実践している。

PKT（ぺちゃくちゃタイム）とは、講義などを聴いた直後に、周辺の2〜3人で聴いた感想などを自由に話す時間のことだ。2〜3分間に設定する場合が多い。このPKTの後に会場から質問を受けると、PKT無しで受ける質問より概して良質な質問が出ることが多い。実際、講義直後に「では会場からご質問をお受けしましょう」と声をかけた時によく起きる状況としては、以下のようなことがあるだろう。

1．誰も質問せずに沈黙の時間が流れる。

2．質問という場を借りて持論を演説する人が登場する。

3．2に近いが、会場のほとんどが理解不能な専門的な質問をする人が出現する。

そこで、すぐに質問を受けないでまずPKTの時間を設けると、話した人同士でその場で疑問が解決してしまうこともあるし、話した数人が同じ疑問を持っていれば、「じゃあ、それを質問してみようか？」と会場全体にとって援助的な質問が出てきたりもする。何でもないほんの数分間のアイデアだが効果は抜群だ。

会場で同じ話を見聞きした聴衆同士で、感想や疑問を話し合い（共有し）、話を聴いて感じたこと（賛意・違和感）を自分の言葉として出してもらい、お互いにその場に出し合った言葉から、自分がそのテーマについてどう考えているのかに気付いてほしい。僕はそう思っている。そしてその先に「質問する」という行動があり、さらにその先に「何かを始める」という行動があるという想定だ。

「見える化」の可能性

「書く」ことですれ違いをなくす

プレゼンテーションはコミュニケーション、とはよく言われることだが、コミュニケーションは難しい。実は数人での話し合いの場でも、結構悲惨な（不毛な）言葉のすれ違い、言葉の空中戦が今日も日本の様々な場所で普通に起きている。これは僕が20代後半で環境教育の仕事を始めて以来、今に至るまで、本当に多くの場面で目撃してきたことだ。傍から見ているとそのすれ違いの残念さがよく見えることがある。「さっきからAさんとBさんはお互いに『理解できない』と言い合っているけど、そもそもこの話の前提の理解が違っているようだ。2人ともそのことに気付いていない……」というようなことがよく起きている。そんな時は、話されていることを複数人で「見える」ように書き出して、書かれた言葉を指差しながら話をすれば、こんなすれ違いは避けられることも多いのに、と僕は思ってしまう。なぜ「皆で見えるように書く」という労力を惜しむのだろう。

「見える化」する意味

「見える化」することにはどんな意味があるのだろう？　ビジネスの世界で一般的に言われる「見える化」とは、「皆に見えていない状態・状況を、言語や図解などで明確に示し、共有する方法」と言えるだろう。「潜在化していることを顕在化すること」と言えるかもしれない。ただ、この本で「見える化」と言っているのはもっとシンプルだ。つまり「誰かの頭の中で考えられていることを、物理的に、言語や図にして明らかにすること」を指している。僕がおすすめしている「見える化コミュニケーション」の代表選手が「KP法」であり、さらには「えんたくん（円形ダンボール製の対話促進ツール。23ページに説明あり）」であり、そして会議の際によく僕がホワイトボードに描いている「ファシリテーショングラフィック」等のことだ。おっと！　大事なことを言い忘れていた。これらは3つとも全部手書きだ。

KP法
カキカキ
カキカキ
それで?
あれこれ
実は…
いやいや…
えんたくん
議論を描く
ファシリテーショングラフィック

僕が「見える化」が大事だと思う理由は単純だ。口頭だけでのプレゼンテーションや話し合いの不確かさを解消したい、それだけだ。口頭だけのプレゼンテーションでは、同音異義語や、そもそも初めて聞くような知らない単語、僕自身も分からない言葉に遭遇することは日常的にある。ましてやそのプレゼンテーションが長時間に及んだり、複雑な構造についての説明だったり、(聞いたことがない)固有名詞が次々と出てくるような講義の場合には、口頭だけ(つまり、聴くだけ)で伝えようとすることにそもそも無理がある。その困難さを全く意に介さない話し手は、果たして本気で伝えようと思っているのか? 多分「伝える」ことには興味があっても、「伝わる」ことには興味がないのだろう。

「KP法」や「えんたくん」や「ファシリテーショングラフィック」によって、話している内容や言葉を「目」でも確認できるようにする、「見える化」することで、間違いなく話し手と聴き手の間のやりとりの確実性が増すのだ。

話の内容が視覚化される安心感

結局のところ大切なのは、話されていることが視覚化される安心感なのだと思う。話している側は話すことで自分の伝えたいことがほぼ正確に聴き手に伝わっていると勘違いする。そう、もうこれは「勘違い」でしかないと思うのだ。ユーチューブ（YouTube）動画を見ていても、話されたことがお節介なくらい文字化されて画面に出てくる。「あんなことするから、言葉の理解力が劣る子どもが育つ」とお怒りの方もいるかもしれないが、ユニバーサルデザインの視点から考えても良い配慮だと僕は思っている。聴く力、理解する力はそれぞれ違うもので、そのテーマについての話し手自身の理解レベルと同じ理解レベルの聴き手がいる、という前提にはやはり無理があるだろう。

もちろん全ては程度問題で、どこまでやるかの判断はその場の状況次第だ。KP法だって話すことの全文を見える化しているわけではない。むしろ、話している量の6分の1くらいしか書いていない。それでもKP法は「何が要点なのか」を明確に伝えている。もちろん、大事なキーワードや分かりにくい固有名詞なども書くようにしている。

複数人で円座を組んで皆の膝の上に直径1メートルの厚紙ダンボールを乗せ、その上に乗せ

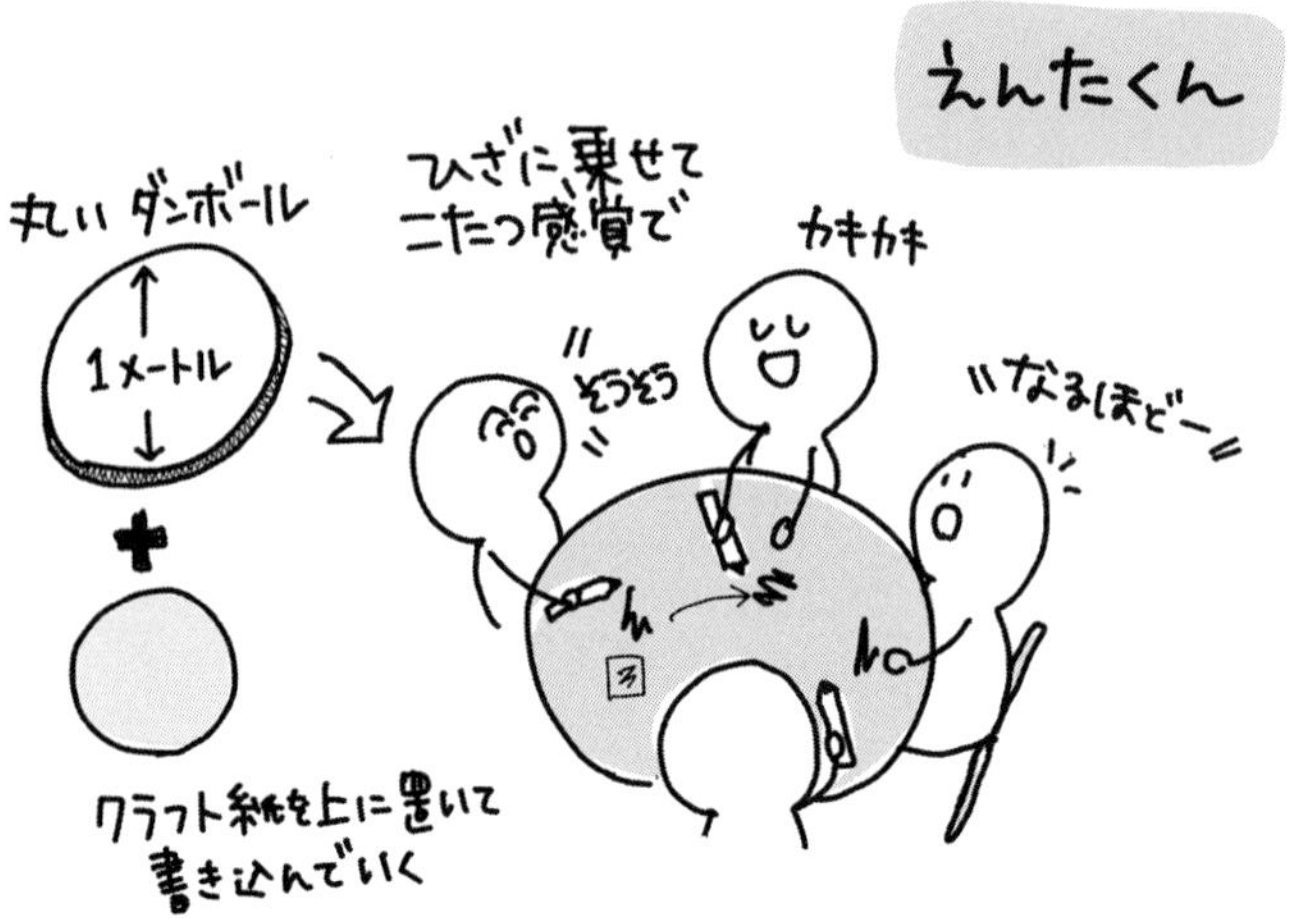
えんたくん
丸い ダンボール
1メートル
ひざに乗せて
こたつ感覚で
カキカキ
"そうそう"
"なるほどー"
クラフト紙を上に置いて
書き込んでいく

た同径のクラフト紙に、どんどん話されたキーワードを書き込み、それらの言葉を眺めながら話し合いを進めていく「えんたくん」は、あちこちに散らばりがちな皆の話を書き言葉としてクラフト紙上に書き留めて、いつでも見直し&思い出しができるようにする。だから安心して全く異なる視点からの話にジャンプすることもできる。いつでも戻って来られるから。また、えんたくんの場合は、ただ時間順にテキストが並んでいる文字群ではなく、各自が手で書き込むので文字の大きさや太さ表現も自由だし、いくつかの言葉の塊を丸で囲んだり、言葉と言葉の関係を線や矢印でつなぐことでより分かりやすくすることもできる。えんたくんを紹介した動画も見てほしい。（動画QRコードは146ページ）

以上、手書きによる「見える化」の可能性と意味を書いてきた。

「伝える量」を制限する

書いたことは話す、話さないことは書かない

ＫＰ法が、おそらく多くのスライドを使ったプレゼンテーションと一番違うポイントが「書いたことは全部話す」、そして「話さないことは書かない」という点だろう。パワーポイントなどのスライド資料では、話さない（時間内には話せない）情報までつい書いてしまう。話せる量はいくら早口にしたとしても限界があるので、どうしても「話せないけど伝えたいこと」は「書いておけば伝わる」と錯覚して書いてしまう。あるいは「書きましたから」というアリバイ作りのためにも書いてしまう。スライドの文字の量にはほぼ限界がないので、いくらでも書いてしまうのだ。１枚のスライドに１０００文字、などという行政機関のスライド資料は珍しくない。聴き手は、書かれていることは「読まないといけない」と思い、一生懸命読み始める。読む文字量があまりにも多すぎると、聴くほうが疎かになる。当然だ。

例えばパワーポイントとＫＰ法の「書いてある文字量」と「話す文字量」の関係は27ページの図のように表せるだろう。

要するにＫＰ法は、「書いてある文字量」が「話す文字量」よりも圧倒的に少なく、「書いてあることが要点ですよ」と明確に示している。もちろん書いてあること「だけ」を話している

わけではない。僕の場合、平均すると「話す文字」の6分の1ほどの文字数が書かれていて、残りの6分の5は、「書かれていることを補足する」話し言葉として伝えられる。

「書いたことは全部話す」というのはつまり、「話せないことまで書かない」という意味でもある。まれに、スライド資料にはせっかく要約した短い言葉で書かれているのに、その書かれた言葉を話さない話し手も見受けられる。「書いてあるから読んでくれるだろう」ということかもしれない。確かにそうかもしれないが、僕は、書いたことは指差しながら全部しっかり読むようにしている。少し丁寧過ぎるかもしれないが、聴き手はほとんどの場合、話し手と同じような経験や知識や関心を持っているわけではなく、プレゼンテーションされているテーマについて、話し手と同じレベルで考えたこともないので、理解には時間がかかることが多い。だからこそ、まずは「書かれていること＝要点」をしっかり目と耳から伝えて、その背景にある、書かれていないことを、要点を補強する話し言葉として伝えるのだ。この繰り返しを10数回(枚)やって、KPの1セット(約4分間)が終了する。

話す文字量

人が1分間に読むことができる文字数は450文字とすると、4分間で読める文字総数は約1800文字となる。KP法の場合は1セット300文字以内なので、読める文字総数の6分の1以内の文字を、最大見せていることになる。この文字量は、最初から決めていたものではない。

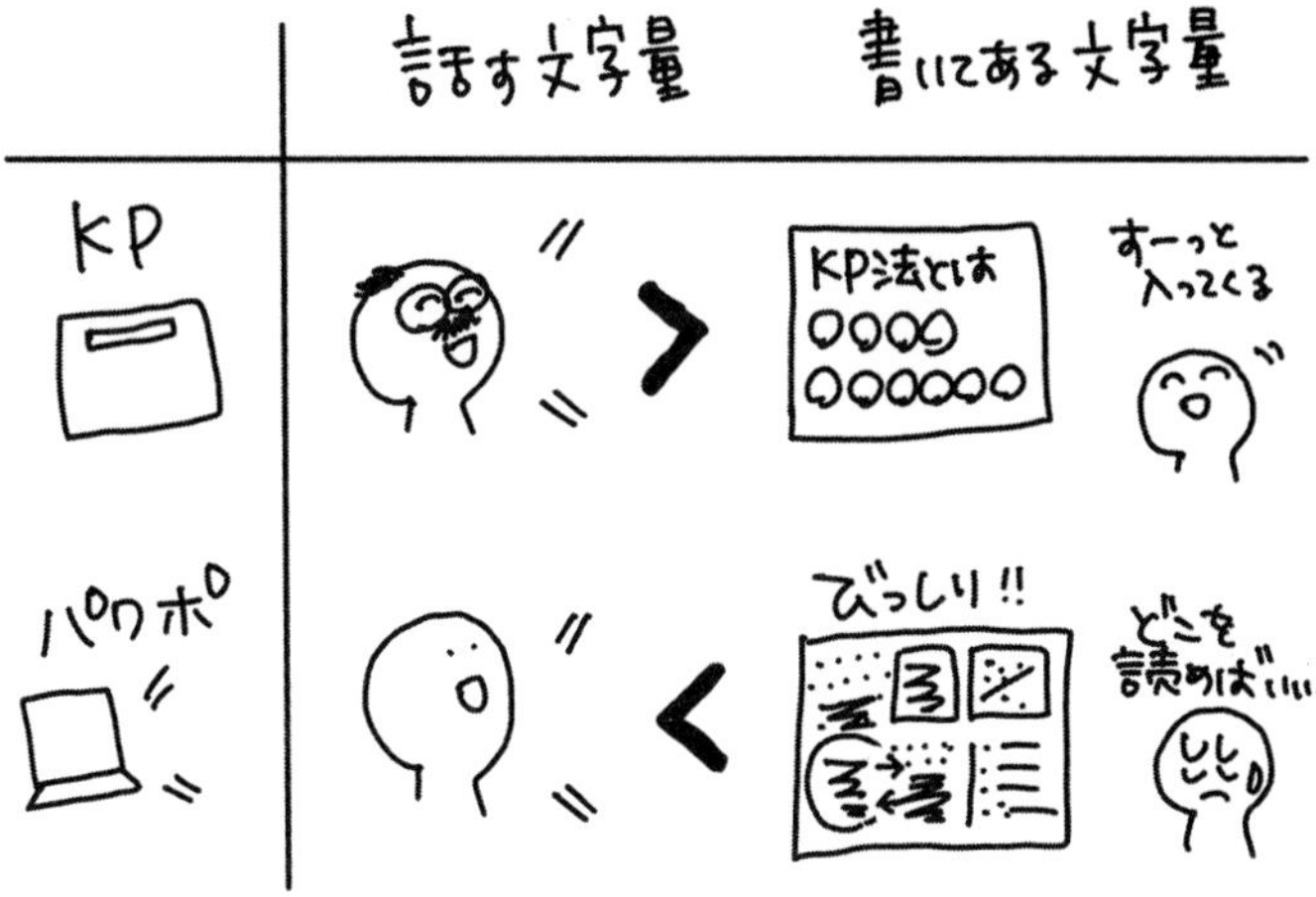

様々な試行錯誤を経て辿り着いた数字だ。ただ、1分間で話す文字量については僕の試行錯誤の結果ではなく、これはおおよそ誰でも決まっている数字だ。（読める文字量と話す文字量は当然イコールではない。）アナウンサーが1分間に話す文字数の基準は大体300文字と言われている。よって4分間で話している文字総数は１２００文字だ。多少早口だったとしても1分間で400文字を超えることはまずない。

僕がこれまで聞いたプロの話し手で最もゆっくり話されたのは、林野庁主催のイベントで講演された俳優の菅原文太さんだ。菅原文太さんはご自身の森や自然との関わりについて、ゆっくりと、言葉一つ一つを噛み締めながら話された。本当にゆっくりと話された。言葉は僕の耳から身体に入り、スーッと身体全体に染み渡っていく、そんな感覚を覚えた。その時のことを思い出して、当日イベントの運営をされていた国土緑化推進機構の方に、当時の音声テープが残っていないか問い合わせてみたら、見つかった。さっそく送られてきた音源を再生し、テープ起こしをしてみた。時間を測り、文字数を数えた。予想では通常の話すスピード（つまり、話す量）の半分くらいなのではないかと思っていたが、なんと菅原文太さんは1分間に130文字しか話していなかったのだ。「1分間に300文字」というのは「最大でも300文字」ということだと思う。無駄な言葉を廃して、研ぎ澄まされた詩のような言葉を丁寧に届ける。「見える化」さえ不要のプレゼンテーションの境地を見た思いだった。

見せる文字量

「話す／聴く」文字の量の話をしたが、KP法にしろ、スライドプレゼンテーションにしろ、「話す／聴く」とともに、「見せる／読む」という行為を同時にしている。実はこの「見せる／読む」文字量が大問題なのだ。見せる（読ませる）文字量は、話す量と違って話し手の意思でいくらでも増やすことができてしまう。特にスライドの場合は、KP法と比較してその自由度が大きいことが、逆に大きな落とし穴になっていることについては、先にも書いたとおりだ。

発信する側（話し手）は、聴き手・読み手にとって最適なプレゼンテーションを考えなくてはいけない。相手がちゃんとキャッチできる量を見積もって届けなければならない。例えば話し手が複雑で論理的な話をする時、話し手自身はその複雑な構造全体を理解しているから自分

の脳が動くスピードで話してしまう。しかし受け手にしてみると、ただ聴くだけでは理解が追いつかない。そこに話し手が気付いて話を補う文字を見せてくれれば、これはとてもヘルプフルなことだ。特にあまり聞き慣れないような単語が登場した時でも、それが漢字で示されれば、大体の意味は想像ができるだろう。

こんなふうに「講演者が文字を見せながら話す」というスタイルが一般的になったのは、人類の歴史の中で考えればつい最近のことなのだと思う。話している言葉を「見える化」することはとても良いことなのだが、板書で「見える化」していた時代には起きなかった問題が、パワーポイントなどのプレゼンテーションソフトの登場とともに起き始めた。つまり、とても読みきれない膨大な文字を見せるという「暴力的行為」の登場だ。話している言葉を「見える化」

する段階を遥かに超えたスライド資料……。時間的な制約のあるプレゼンテーションでは話して伝えられることに限りがあるために、話しきれない情報は文字情報として伝えようとする無理無理な行為だ。

聴き手が受け取る（見たり聞いたりする）ことができる情報量には限界がある。その限界量を超えていくら伝えても情報はただ溢れていくだけだ。200cc入るコップに300cc注ごうと、500cc注ごうと、コップに入る量は200ccを超えることは絶対にないのだから。

たくさん伝えて満足するのは、伝える側だけ

「たくさん伝えて満足するのは伝える側だけ」とは川嶋直の迷言。これまでに様々な場所で「たくさん伝えて」やりきった感満々の方々に出会ってきた。「限られた時間にどれだけの量を伝えることができたか」の（自分自身との）戦いを、やりきった充実感に満ち満ちた笑顔を湛えた人たちを、何人も拝見したことがある。彼らは、「先生、短いお時間しかご用意できずに本当に申し訳ありません。しかし、その中でもあれだけ中身の濃いお話をいただきまして、本日は本当にありがとうございました」と主催者に言われた言葉を鵜呑みにして、満足して帰路につく。

確かに、聴き手も「たくさんの情報を得て」満足することはある。知らなかった視点や考え方、情報に一つでも多く接することができれば、「今日の時間は無駄ではなかった」となるだろう。

そのように、両者が満足できる場面だったらそれはそれで良いと思う。

ただ、僕の関わることが多い参加型のコミュニケーションの場面は、その講義を聴いて終わりではなく、講義を聴いて触発された参加者同士が意見交換をしながら、問題を整理したり、可能性のアイデアを出し合ったり、それぞれの行動計画を考えたりするという展開が待っていることが多い。そうした場面では、伝えられた情報の量ではなく、講義直後にすぐに聴衆同士の対話が生まれやすいように、概念の整理だったり、いくつかのキーワードだったり、印象的で思い出せる言葉を、お互いに共有できる場を用意することが必要なのだ。

そうした場では「あ〜今日もたくさん伝えられて良かった〜」では済まされないのだ。

伝える量は少なく、その先の「対話」を

話し手が知っていること、伝えようと思っていることを全部伝えようとしてはいけない。プレゼンテーションは「話し手がどれだけ知っているかを披露する」場ではないことを、肝に銘じなければならない。「そんなの当たり前じゃないか」と思うだろう。しかし、聴き手が物分かりの悪い上司だったりすると、プレゼンの後で突っ込まれないように「私は◯◯は存じ上げています／□□の弊害も承知しています／最近△△という可能性が称賛されていることも認識しています」と、ついつい「◯も□も△も分かっている」ことのほうを強調してしまうことはないだろうか。

そもそも僕のプレゼンテーションは、この章の冒頭にも書いたとおり、相手を打ち負かすことが目的ではなく、僕のプレゼンテーションを聴いてもらうことによって、聴き手の頭の中を整理してもらうこと、あるいはプレゼンテーションを聴いた数人で感想や疑問を話し合い、そのテーマについての様々な受け取り方や考え方を知り、結果として深い理解につなげることを目指している。与えられた時間の大半を僕からのプレゼンテーションに使うのではなく、プレゼンテーションは与えられた時間の半分くらいにして、残りの時間は聴き手同士の対話や、聴き手と僕との質疑応答・意見交換などに使うようにしている。（先に40分の配分として「25分プレゼン＋2〜3分PKT＋10数分Q＆A」の例を示したが、これに対して「30分プレゼン＋60分えんたくん」は僕の定番でもある。）

そう、「対話を生む」ためのプレゼンテーションなのだ。

相手を知り、自分を知る

プレゼンの準備の準備

あなたはプレゼンテーションの「準備」と聞いて、何を考えるだろう？　普通ならばスライド資料を作成すること。それに加えて余裕がある場合には、スライド（あるいはアニメーション）

を進めながら、実際に声に出して話す練習をするだろうか。いずれにしてもこのような「準備」は、プレゼンテーションの中味（内容）を如何に分かりやすく、インパクトのあるものにするかというベクトルでの作業だろう。こうした準備が無駄だとは全く思わないが、大事なことが大きく欠落しているのではないかと思う。それは、あなた（話し手）と聴き手との間の関係について考え、用意することだ。

聴き手について考えること、それは、「聴き手は何を聴きたいのか？／聴きたくないのか？」「聴き手は何を知っているのか？／知らないのか？」「あなたは聴き手をどう思っているのか？」「聴き手はあなたをどう思っているのか？」……こうしたことはプレゼンテーションの中味を考える以前のことだ。これらを調査し、想像することで、あなたは聴き手に少しでも寄り添うプレゼンテーションの準備を始めることができるはずだ。さらには、事前にあなたの書いたものを読んでもらう、あなたの動画を見てもらうなどして相手にもあなたを知ってもらうことで、関係を変える挑戦だってできるだろう。

聴き手を想定する

僕がプレゼンテーションの準備で一番最初にするのは、ほぼ例外なしに「想定される相手」について考えることだ。例えば「11月1日の講演で○○について話してほしい」と依頼を受けて、講演準備を始めるとする。そうした際にはまず講演を依頼してくれた方に、その日の受講者について、できるだけ詳しく話を聞く。どこに住んでいて、何歳くらいで、という属性も大事だが、それよりも、当日どんな動機でその講演を聴きに来るのか？　主催者との関係は？　職業は？（企業の人？　ボランティア？　職員・会員・構成員？　地域の方？　学生？）などだ。講演当日に会場で僕の話を聴いてくれる聴衆の方々の情報を、できるだけたくさん聞き出して、その人達の顔を思い浮かべながら（想像しながら）、プレゼン資料（ＫＰ）作りの作業に取りかかる。

また、そうした聴衆の皆さんが、講演を聴いてどんなふうになってくれたら良いと主催者が思っているのかについても、できるだけ詳しく聞くようにしている。場合によっては、主催者は「講師の話を聴いて参加者にどうなってほしいか」まで、明確には考えていないこともあったりするが、そこは単に「言葉化」されていないだけで、漠然としたイメージは持っていることが多い。なんとか言葉を「絞り出して」もらう。当日会場に来てくれた皆さんが、僕の話を聴き終わったらこんなふうになってくれていると良いな〜とイメージすることが、僕の場合の最初の作業だ。

相手を知るための方法

これから行うプレゼンテーションで適切なコミュニケーションをとるために、相手を知りたい。そのためにどんなことができるか考えてみよう。

例えばプレゼン（授業・講義）の相手が「自分の会社の部下や同僚」、あるいは「自分の学校の生徒」であるという場合は、まずは彼らが今回のプレゼンテーマについて、「何を知っていて、何を知らないのか」、また、「何を知りたいのか」のリサーチも可能だろう。事前アンケートなどが取れるようであれば、上記のような質問を前もってしておくと良い。「結構知らない人がいるなぁ」とか「意外と興味を持っているんだなぁ」とか「じゃあもっと深いところを話さなくては」など、ある傾向を把握し、それに対しての対策も考えられる。

相手がこのように身近な人なのであれば、彼らが普段接しているメディア（テレビ、新聞、ネットニュース等）に、あなたも日常的に接しておくことが重要だ。話は少し逸れるが、マスコミを馬鹿にして新聞やテレビからの情報をほとんど得ずに、インターネット経由の情報ばかりに接していることの危険性もよく認識しておいたほうがいい。いつの間にか「自分の耳に心地良いメディア」や、リコメンドされる情報ばかりを見て聞いて、世の中のある偏った情報に自分が浸かりきっている場合もある。この危険性を十分認識しておくべきだろう。全ての世代が見る全てのメディアに接することは困難だが、自分が話す相手が接しているメディアには注意を払っておきたいものだ。例えば大学の先生が、学生に最近流行の歌手やユーチューバーやゲームについて教えてもらって、積極的に接しようとするのも分からないでもない。

自分の専門分野の言葉を使い合う人とばかり日常的に話し、その人達が接するメディアからばかり情報を得ていると、世の中の「普通」が分からなくなってくるので要注意だ。

当然だが、プレゼンの相手はあなたに近い人とは限らない。それぞれの状況に応じて、聴き手についての情報をできるだけ多く収集し、相手のベースや期待していることを知るよう努め、相手が理解できる、伝わる言葉・用語で伝えることを意識しなければならない。

自分を知るための方法

プレゼンする相手を知ることの大切さはお分かりいただけただろう。今度は、相手を知ることと同時に、自分を知ることも大切だという話をしたい。

「え？　自分を知る？」と思うだろうか。そう、相手を知ることが、より相手の理解への筋道に近い「通り道」を見つけることにつながる一方で、そのプレゼンを投げかける自分自身を知ることが、相手と自分の比較をし、より良いつながり方を見付けることにつながる。

自分の思考の傾向を知っておくことは、プレゼンテーションをしようとする時に自分のスタート地点を理解しておくことにつながる。どこからスタートして、相手とはどのくらいの距離があり、どっちの方向に自分も相手も向いているのか。何が同じで、何が違うのか？　相手を知ると同時に自分を知ることが、相手のいる座標をより知ることにつながり、どの方向からどの程度の強さで攻めたり、刺激すれば良いかの見当が付くというものだ。

自分が発する言葉は自分のある立ち位置から発しているわけで、その立ち位置に関して無関心でいれば、自分の言葉が相手にどう捉えられているのか、想像もつかないだろう。

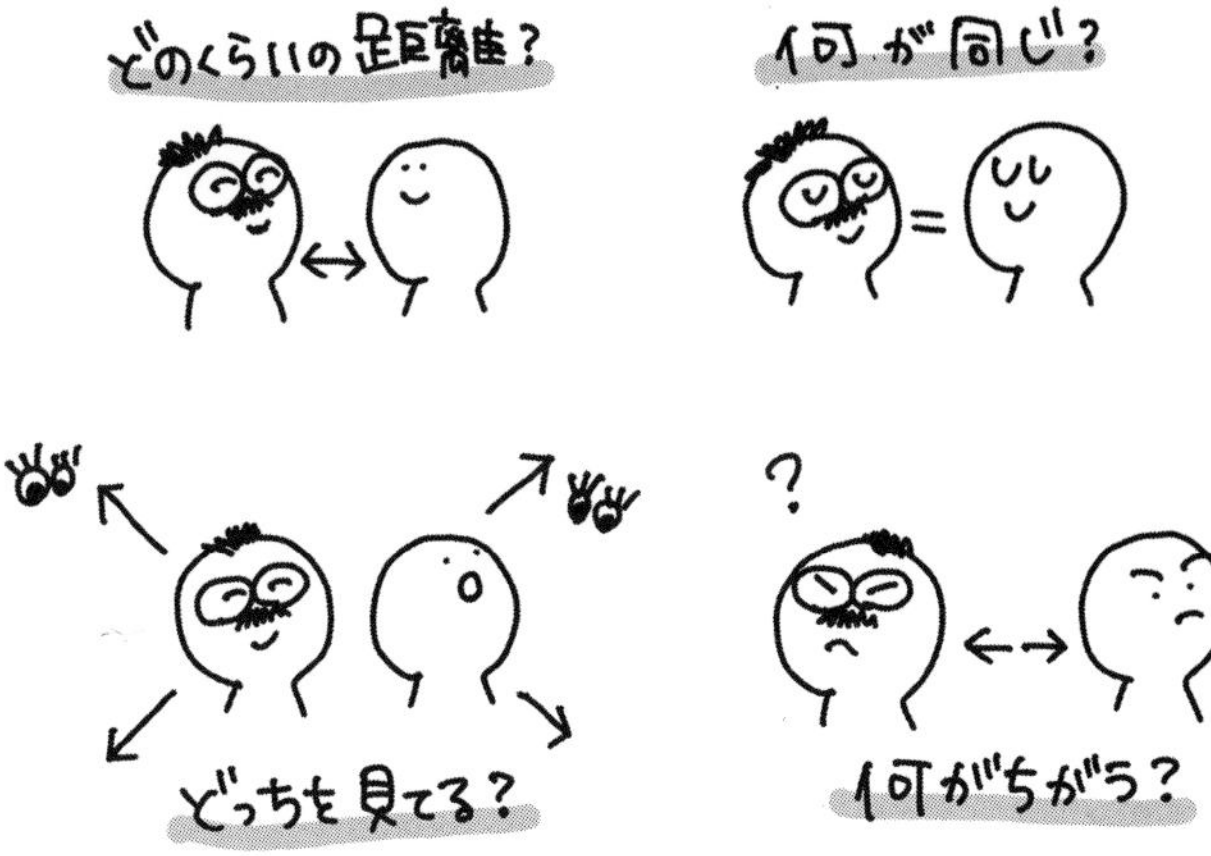

「自分を知る」というのは実に難しいのだが、以下の方法は、数年に一回、自分自身の棚卸しをするようなつもりでやってみると良いと思うので、提案しよう。

●自分史年表を書いてみる

1．A3サイズくらいの大きめの紙に、対角線を引き、その線の片端が生まれた時、反対側を現在とする。

2．線に沿って片側に、小学校に入った、ここに引っ越した、中学校に入った、こんな部活をやっていた、高校に入った、見た映画、読んだ本、旅行した場所、大学に入った、専攻した、友人と出会った、就職した……など、その時にあった事実を書いていく。多少事実（年代）が前後しても構わない。思い出せる限りの事実を書いてみる。

3．もう一方側には、その頃思っていたこと、考えていたこと、好きだったこと、嫌だったこと、夢中になっていたこと、そんな心の動きを書いていく。各年代の事実がどんな心の動きと関係していたのか考えながら思い出しながら書いていく。

これが「事実の年表」と「心の動きの年表」の2通りの年表の作り方だ。この年表はパソコンの表計算ソフトで作っても良いだろう。そのファイルはいつもデスクトップに置いておいて、思いついた時、思い出した時にちょこちょこ加筆していくのだ。例えば左の列から、西暦（必要なら元号）、その年の自分の年齢、事実の年表、心の動きの年表などの記入枠を作っておいて、少しずつ自分史年表を書き足していく。

この作業をしたからと言って、すぐに自分の

自分史年表の例

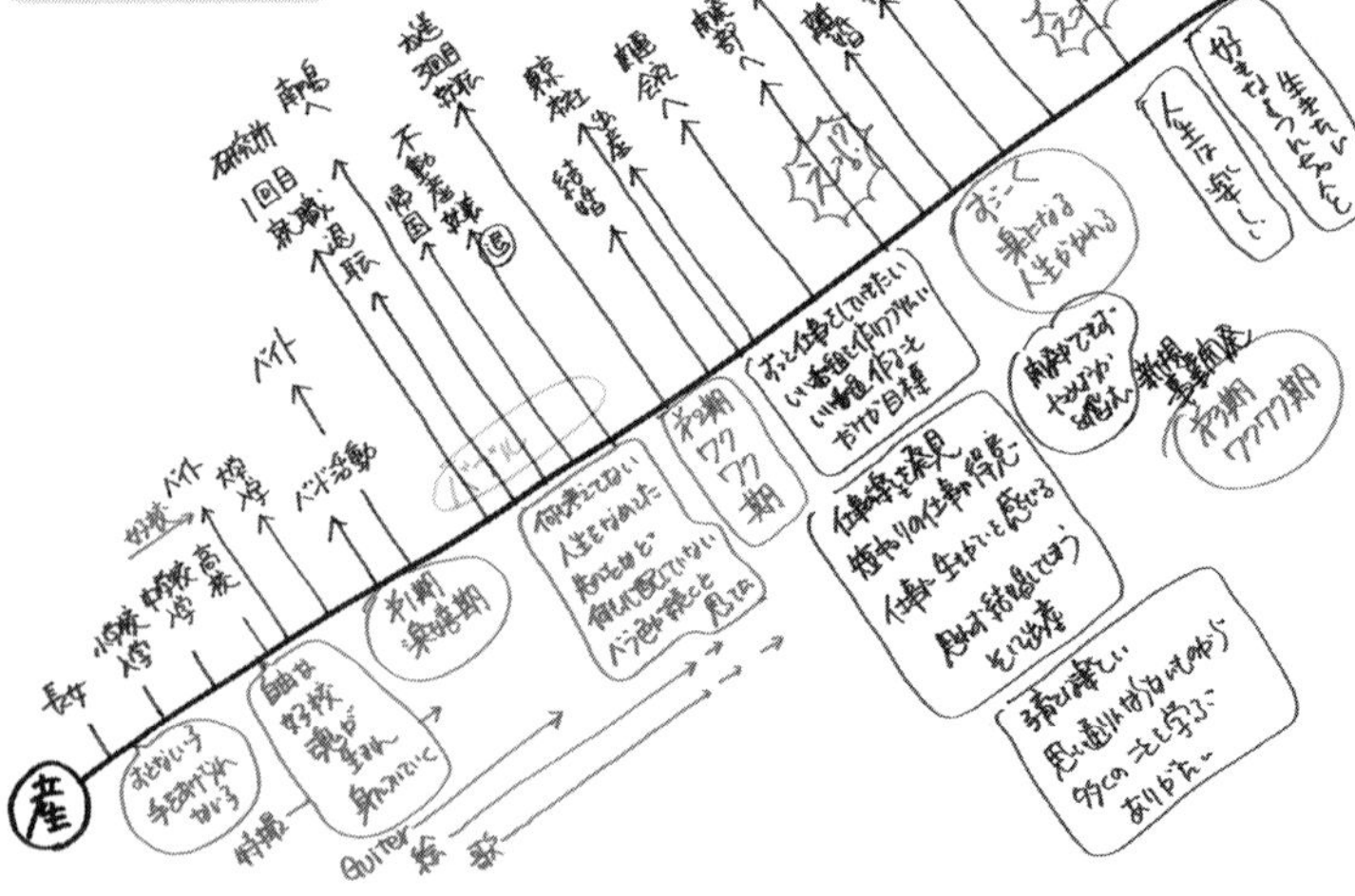

姿が浮かび上がってくるというものでもない。ただ、色々なことを思い出すことによって「自分の考えの傾向」を見出すことにはつながる。

可能であれば誰か友人にも同じ作業をしてもらい、お互いにこの年表に書いたことを話しながら、年表を書いている間にどんなことを思ったのかを伝え合ってみるのも良い方法だろう。同じ作業をした友人の年表と比較することで自分が浮かび上がることもある。こうした年表作りの作業を通して、自分という人間がどんなふうにしてできてきたのか、いつの何がターニングポイントだったのか（それは複数あるかもしれない）など、自分を客観視する作業を意識的に行ってみると良い。

●自分のバイアスを知る

自分のバイアスを知るという作業はなかなか難しい。バイアスとは、偏り、偏見、傾向といった意味だ。自分が何かの情報を受け止め、価値判断する時に、常にその判断の仕方に「ある傾向」「ある偏り」「ある偏見」を持つことがある。こうした自分のバイアスを自分自身で自覚していることが、他者とのコミュニケーションにとって非常に重要になる。相手を知るとともに、自分自身の考え方の傾向を知っておくことによって、お互いの立ち位置が分かり、自分が言っていることを相手はどう受け止めるのかを知る目安にもなる。

自分の中のバイアスはどうして生まれるのだろう。多くは無意識のうちに、知らないうちに自分に身についてしまうのだと思う。いつも狭い範囲からの情報しか得ていないと、知らず知らずのうちに、その狭い情報源の価値観によって自分の価値観が形作られていることも多いだろう。ユーチューブのアルゴリズム（おすすめ）のようなもので、いつの間にか自分にとって気持ちの良い情報ばかりレコメンドされ、その情報を得ている人が世の中の大半であると勘違いする危険性もある。自分のバイアスに気付かないまま何かの情報を発しても、その情報はある偏ったものの見方に基づいていて、多くの人に受け入れられない可能性が少なくないことに注意しなければならない。

これはプレゼンテーションの場に限らず言えることで、情報を発信しようとする自分自身の傾向を客観的に俯瞰することを習慣化する、あるいは常に多くの人の目にさらして、様々な角度からのフィードバックをもらえるような環境を作ることも、大切になるだろう。

ここには2つの方法を挙げてみたが、もちろんこれ以外にもあるだろう。自分の本棚を眺めることだって、自分を知る手がかりになるに違いない。「自分を知る」という作業は、たぶん死ぬまでずっと続くものなのだ。10代、20代の頃は自分が何者なのか分からず随分悩んだ記憶は誰にでもあるだろう。その頃は多くが30代、40代になったらこうした悩みは無くなると思っていたが、30代、40代になっても一向に自分が何者なのかの悩みは消えず、きっと50代、60代になればこうした悩みはなくなるとまた思っていた。そして今、僕は69歳だが、お察しの通り

10代の頃の悩みは全く解消されることもなく今も続いている。でも、自分を知ろうとする作業は、人とコミュニケーションを取る上で永遠に避けては通れない最初の声出しの準備運動のようなものだ。

コンテントとプロセス

人と人とのコミュニケーションにおいて、「見えている部分」と「見えていない部分」とを表現する図としてよく使われるのが、通称「氷山の図」だ。氷山は海面から上に出ている部分が皆から認識される「見えている部分」だが、その何倍もの質量の氷の塊が海面下にあることはあまり意識されない。しかしこの「見えていない部分」が「見えている部分」を支えている。この見えている部分のことを「コンテント」、見えていない部分のことを「プロセス」と呼ぶ。コミュニケーションで言うと、見えている「コンテント」は話されている内容であるのに対して、見えていない「プロセス」はそのように話される背景・理由・状況などだ。話されている内容（WHAT）に対して、その人がどうしてそう話しているのか（WHY）であったり、どんな伝え方をしているのか（HOW）だったりを知ることが、お互いの理解のためには極めて重要で、僕はこれを「体験学習法」の中で学んできた。

プレゼンテーションはコミュニケーションだ。だからその準備のためには、コンテントばかりを意識するのではなく、プロセスに目を向けることが大切なのだ。相手（聴き手）を知ること、

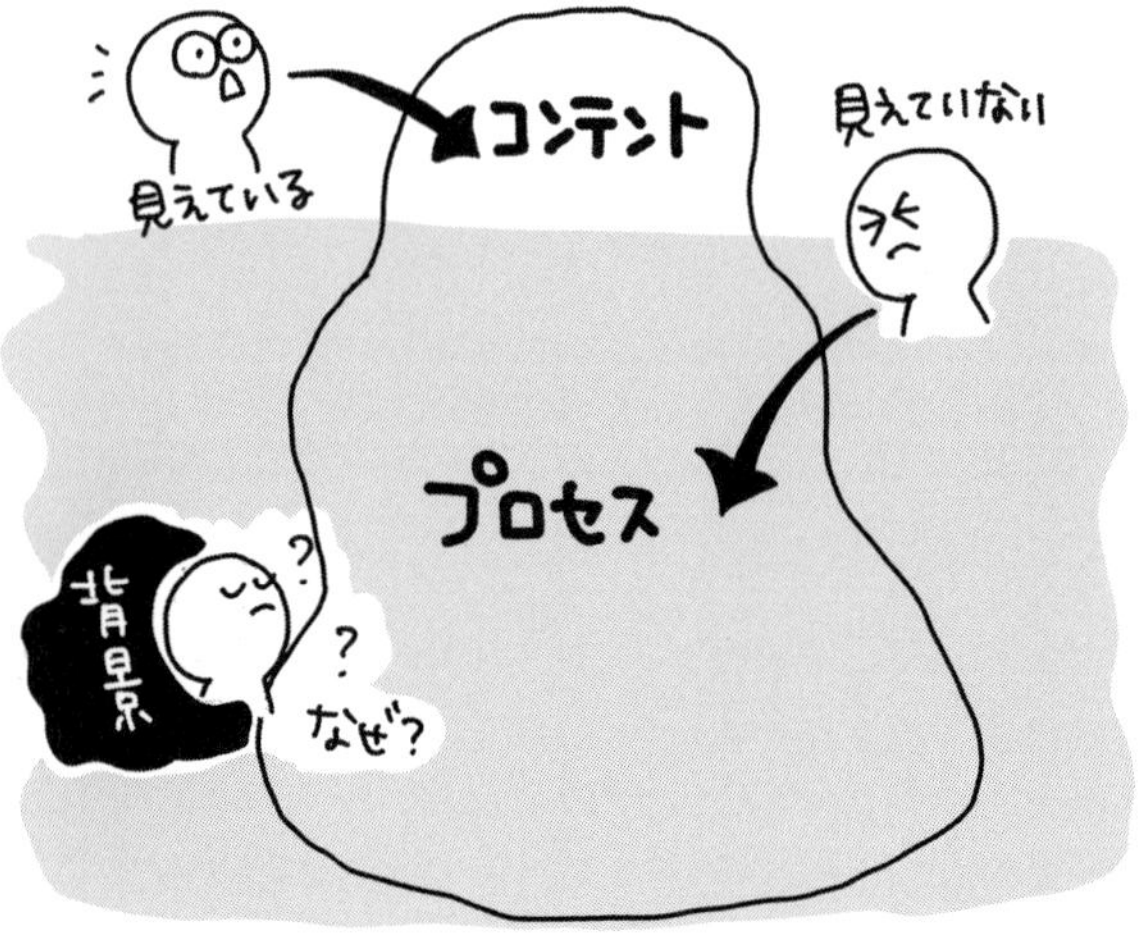

そして自分自身を知っておくことが同じくらい大事、というのはそういうことだ。コミュニケーションは相対的なものなのだから、相手を知ることで得られる（分かる）両者の関係性は一方的なものにしかならない。同時に自分自身のことも知らなければ、「聴き手はどう見ているのか？」「聴き手からはどう見られているのか？」が分からないまま聴き手との距離がうまく測れず、「違和感」の残るプレゼンになってしまう。違和感や居心地の悪さを感じないプレゼンテーションの場を作るために、コミュニケーションの方法として、「相手を知り、自分を知る」ことを実践してみてほしいのだ。

以上が、僕、川嶋直の「プレゼンテーションの考え方」だ。あなた（話し手）が相手（聴き手）に寄り添うことで、両者の距離はきっと近づく。

きっと気持ちの良いリアクションも得られるだろう。そして、そこには「対話」が生まれているはずだ。

コラム1 システム手帳と封筒整理法

僕にとっての情報整理法の師匠（僕が勝手にそう思っているだけだが）はジャーナリストの山根一眞さんだ。彼の著書でシステム手帳を知り、1997年から毎年リフィルを買って使い続けている。

スケジュール管理はデジタルの予定表（Googleカレンダー）と併用した使い方だ。新しい予定を入れる時はシステム手帳を眺めながら決めている。前後の週の予定などをペラペラ見ながら判断できる点と、「大体この辺でこの準備をする」といった日時がはっきりしない予定を書き込める点がいい。

システム手帳はスキャンすることが容易だ。現在僕のEvernote（メモアプリ）には26年間の手帳のスキャンデータが入っていて、いつでもどこでもチェックできる。つまり約30年分の手書きの手帳を持ち歩いているのと同じことなのだ。

山根師匠のもう一つの教えは封筒整理法だ。全ての書類をＡ４サイズが入る角型２号という最も一般的な封筒にテーマ別に放り込み、封筒の左肩に中身の名前を書き、その上に名前の最初の３文字をひらがなで書いて、書棚にあいうえお順で並べるという方法だ。1990年代初め頃には僕の仕事机の背面には、300近い角２封筒が並んでいた。もちろん今でも（数は減ったが）活用している。

第2章

KP法とは

ＫＰ法とは「紙芝居プレゼンテーション法」の略称である。川嶋直の命名だ。僕が２０１３年に『ＫＰ法　シンプルに伝える紙芝居プレゼンテーション』（みくに出版）を発行してから広く知られるようになった。この手法自体は僕の発明ではなく以前からあったもので、僕自身も１９９０年代には単に「紙芝居」と呼んだりしていた。

川嶋直の、ＫＰ法を作り、使う場面を簡単に説明すると以下の通りだ。

・プレゼンテーションには基本ホワイトボード（幅180センチ）か黒板を使う
・用紙はＡ４サイズの白いコピー用紙を使う（ミスコピーの裏紙でＯＫ）
・文字は基本手書き、水性の太いマーカーを使う
・１枚のシートに書く文字数は20数文字以内（目安としては１行10文字３行以内）
・ＫＰの１セットはおおよそ15枚程度（多くても20枚は超えない）
・15枚のＫＰシートを１枚ずつ貼りながら話す。貼る位置（レイアウト）も工夫する
・ＫＰ１セットの話す時間の平均は３〜４分程度
・30分のプレゼンだったら、８つくらいのＫＰセットで構成される

なお、ユーチューブ（YouTube）のＫＰ法のチャンネルで川嶋のＫＰ法実演を見ることができるので、ぜひ動画を見ていただきたい。（動画ＱＲコードは146ページ）

KP法の機能

話し合いのスターター機能を持つKP法

KP法をやり始めた初期の頃の、講義の補助として使われるKPの1枚目（つまりタイトル）には「○○とは」というものが入ることが多かった。「○○」という概念を聴き手にとって分かりやすく整理して短時間でシンプルに伝える必要性から生まれたタイトルだ。聴き手にとってあまり馴染みのない言葉はもちろん、「こんなの知っているはず」と思われるような言葉でも、会場の何割かの人にとっては初耳の可能性はあるし、「知っている」としても、その知っている情報は人それぞれで、場合によっては「○○」について全く異なった理解をしている可能性だってある。

「○○とは」というKPを講義の際にいくつか提示しておくと、その場での聴き手同士の話し合いが明らかに活性化してくる。たとえ僕からのプレゼンを100％支持することはなかったとしても、「川嶋の整理」はその場の共通情報となり、その上に立って異なった考えや受け取り方を共有することもできる。皆が知っていそうなキーワードでも、あえて、再整理・再定義して提示してみれば、そこを基点として「私はもっと深いことを」、「いや自分はもっと手前のこ

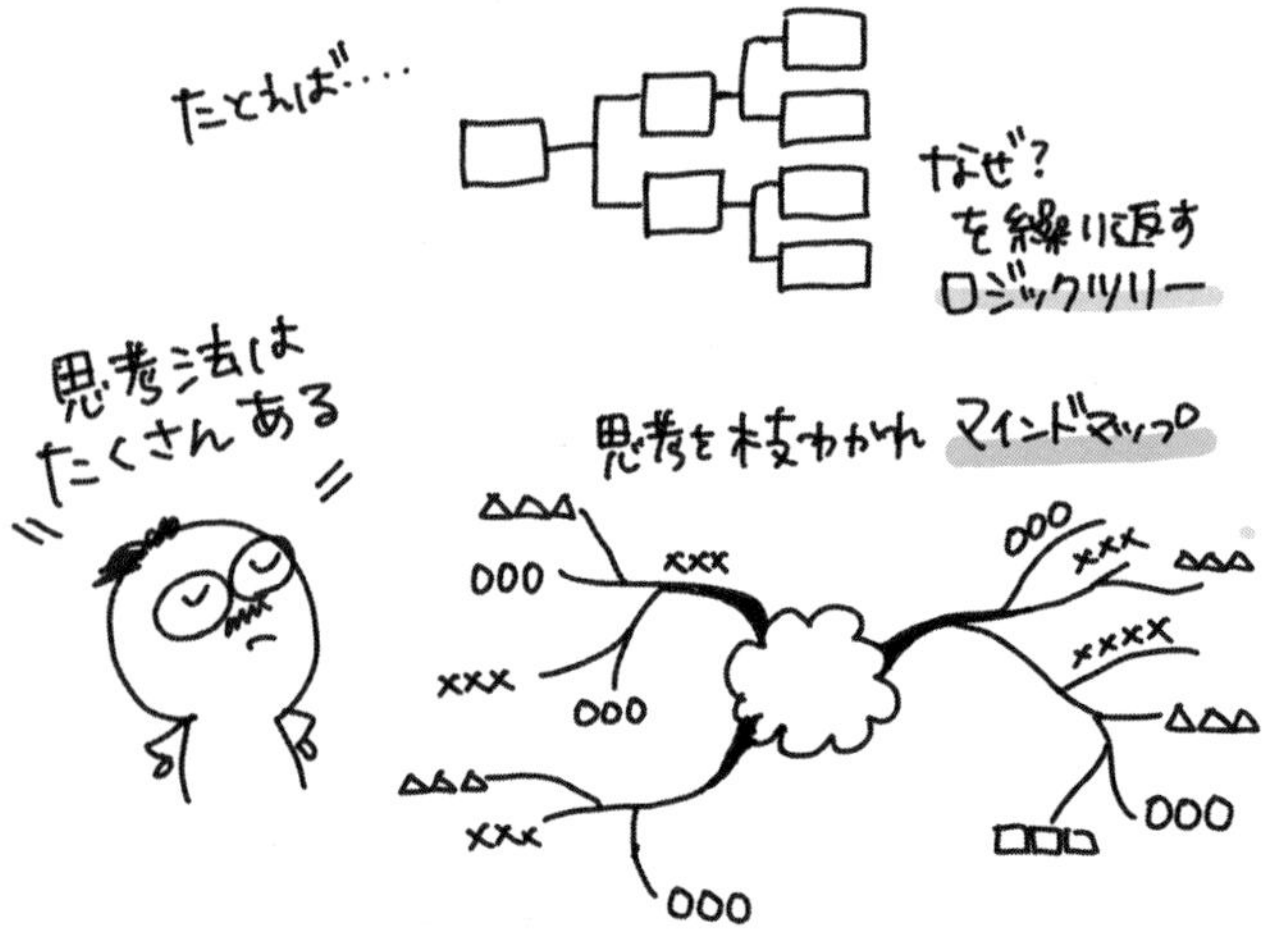
たとえば…
なぜ？を繰り返すロジックツリー
思考法はたくさんある
思考を枝わかれ マインドマップ

とを」、「逆のこともあるよね」などと話し合いが始まるのだ。

このようにKP法は聴き手が話し始めるきっかけを作るプレゼンテーションだ。そうした意味では「○○とは」で始まるKP法には話し合いのスターターとしての機能があるのだ。

それでは、「KP法とは」の「もっと深い話」をしていこう。

KP作りは思考整理

KP法は、その名の通り「プレゼンテーションの手法」なのだが、KPのセットを作るプロセスは、それ自体が思考整理の方法でもある。

この後の第3章で紹介しているのはKPセットを清書して仕上げるまでの、ブレストから始まる作成プロセスだ。このプロセスが思考整理そのものなのだ。そのテーマについて、知って

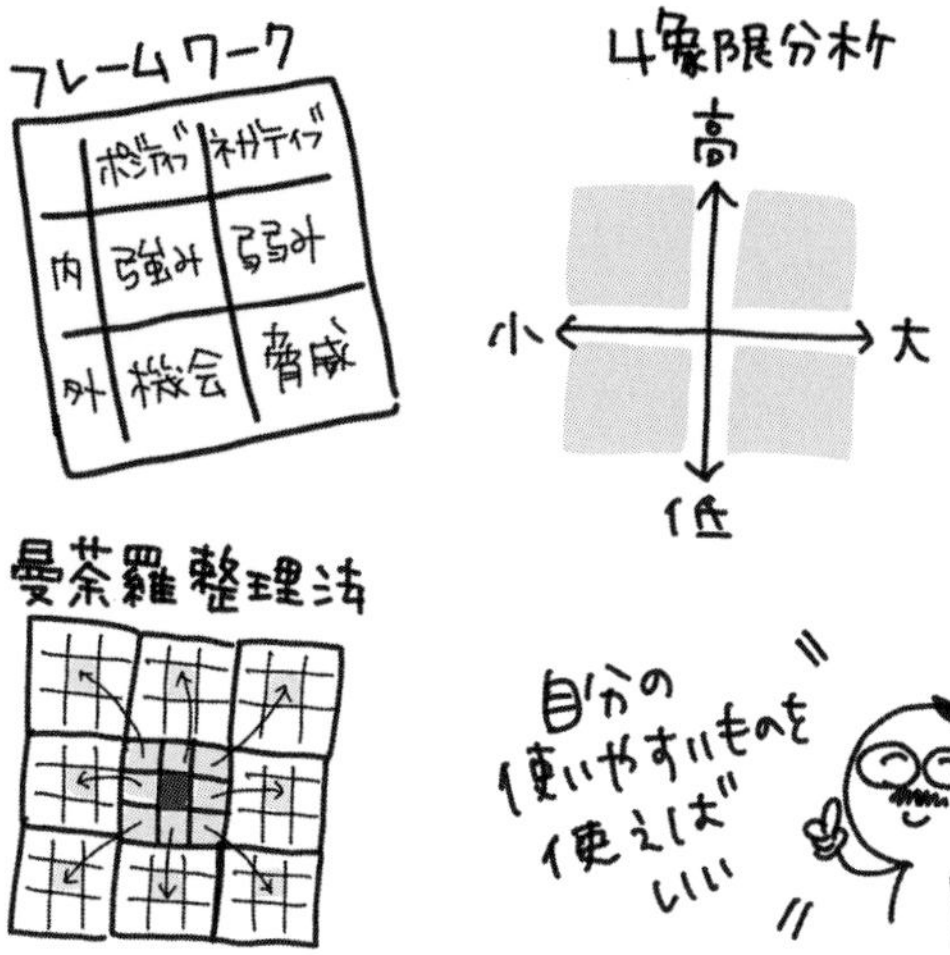

いる、考えている、ひらめいた、全てのことを書き出して、一筋のストーリーを組み上げて、不要なものは削ぎ取って、残った言葉を精査して、約15枚のKPセットを作成する。

ある人は「う〜ん、う〜ん」と唸りながら目を閉じて頭の中を整理しようとするかもしれない。それは普通の行為だろう。でも僕は整理したくなったら、白い紙と鉛筆を用意して文字や記号を書きながら、たまに目を閉じて「う〜ん、う〜ん」と唸ることはあるけれど、ひたすら手を動かしていたずら書きをする。自分の思考の旅路を記録する。あとで見返すことができるように記録する。

思考整理の方法はたくさんある。マインドマップ、ロジックツリー、フレームワーク、4象限に分けたり、曼荼羅整理法などもある。自分のやりやすいものを使えば良い。KP作りの初めの作業は、こうした様々な整理法のさらに一歩手前、何の秩序もないいたずら書きだ。あえて言うならマインドマップに似ているのかもしれない。でもこうしたKP法のいたずら書きはあくまでも一つのプロセスに過ぎない。最終的な成果物としては、約15枚・4分間のプレゼンテーションのためのKPセットが1〜数セット出来上がることだ。僕の下書きは人に見せたりはしない。見せたところでとても読めたものじゃない。意味不明な文字列があるだけの場合がほとんどだ。

KP法の特徴

いま何を話しているかが明確

1枚のスライドに数百も文字が投影されていて、話し手がいま投影しているスライドのどこについての話をしているのか全く分からず、「どこだろう、どこだろう」と探しているうちに次のスライドに行ってしまうという、悲惨なプレゼンテーションを受けた経験がないだろうか。

KP法は1枚のシートに書く文字数は最大でも20数文字程度が良い。第1章でも書いたように、人が話すスピードは1分300文字ほどで、読むスピードはそれの1.5倍程度（人によって大きな差があるが）と言われている。1秒で7.5文字読むことになるので、2秒で15文字、3秒で20

文字ほどとなる。つまりKPシート1枚を読むのに必要な時間は2～3秒ということになる。つまり、15枚ほどのKPセットを4分で話すとすると、1枚あたりに使う時間は15秒程度になる。つまり、聴き手は1枚のKPシートが貼られて15秒ほどの話を聴いている間、同時に書かれた文字を読んでいるのはそのうち2～3秒ということになり、残りの12～13秒は話をじっくり聴くことができるのだ。聴きながら考える余裕も生まれる。この「余白のあるプレゼン」こそがKP法の醍醐味でもある。（これについてはあとでも詳しく述べる。）話している内容・テーマは少ない文字で示されているので見失うことはない。さらには文字が少ないことで、話を集中して聴くことができるというわけなのだ。

「いま何について話しているか」が明確なのがKP法だ。KP法でなくても、スライドの文字数を制限してアニメーション効果を使ってこれと同じことはできる。できるのに、そうしていない人が多いのは残念だ。「もっとたくさん伝えたい」という誘惑についつい負けてしまうのだろう。多くの場合、プレゼン資料はつい「足し算」をしてしまう。KP法は「引き算」をせざるを得ない。結局この違いなのだろう。

表情や身振りも加わってプレゼンとなる

もちろんパワーポイントを使っていたって、話し手の表情が見えたり、身振りのあるプレゼンテーションはできる。有名なTED（Technology Entertainment Design）で繰り広げられる

プレゼンテーションの多くはとても参考になる。話し手は、パワーポイントにはイメージの写真か、たった一行のキーワードを投影しているだけのことが多く、目の前の聴衆に向かって、聴衆の目を見ながら、身振り手振り、歩きながら、表情豊かに話しかけている。みんなこうできたら良いのにと思う。

僕達が日常的に接するパワーポイントなどを使ったプレゼンテーションでは投影される文字が多いために、聴き手は話し手の姿や顔を見ることなどほとんどなく、投影されている文字を次のスライドに行く前に何とかたくさん読もうと奮闘している。投影資料が印刷されたものが配布・共有されないプレゼンも少なくなく、そんな場合は特に、話し手を見ている余裕など全くない。同様に話し手のほうも膨大な文字や図表のある投影資料という「書き過ぎの台本」から目を離すことができず、聴衆の目を見ることはついに一度もないままプレゼンテーションを終えたりするのだ。お互いに目を合わせる機会がほとんどないプレゼンって何なのだろう。そんなプレゼンだったらビデオでいいではないか。

KP法の場合は、ホワイトボードの前に、あるいは横に立ちながらプレゼンテーションを進めていく。強調したいKPシートを貼る時には、ホワイトボードに「バーン！」と音を立てて貼ったりする。聴き手は、話し手の身体全体の動き、手の動き、顔の表情全てと一緒にホワイトボードを見ている。プレゼンテーションの間中、何度も話し手は聴き手と目が合う。

一度、KP法でTEDに出てみたいものだ。本気でそう思っている。

1話4分でひと呼吸、これで集中が続く

KP法は1話が4分程度。この短さであれば聴き手の集中が続くのだ。人が話を聴く時に集中が維持できる時間については諸説ある。15分という説、10分という説から、広告関係の人に聞くと、長くて60秒という説まである。

最近では、ユーチューブの動画の長さが参考になるが、その長さを調べているサイトによると、料理レシピの動画で7分、企業PR動画で3～4分というところのようだ。KP法は基本対面で行うプレゼンテーション手法なのでユーチューブの動画の長さとは随分違いがあるとは思うが、人が集中して見聞きできる時間は結構短いのだということは、注意すべき点だろう。

実際にＫＰ法を見た方はご存知とは思うが、ＫＰ法には一度貼ったＫＰセットを「はがしている時間」がある。一つのＫＰセットのプレゼンテーションが終わり、そのセットをホワイトボードからはがして次のセットが始まるまで、僕の場合は約15〜20秒くらいの時間がかかる。平均すると「4分のプレゼンテーション」→「20秒の見なくていい時間」→「4分のプレゼンテーション」→……が繰り返される。これはまるで、呼吸をしているような感じではないだろうか。もちろんこんなにゆっくり呼吸することは実際にはあり得ないのだが、4分吸って20秒吐く、4分吸って20秒吐く、これが続いていく。ある一定のリズムで繰り返されることに人は心地良さを感じる。実はこの20秒の間にも僕はいつも何かブツブツ話している。4分と4分をつなぐ20秒の休み時間のおしゃべりだ。ＫＰ法の呼吸のようなリズム、これもＫＰ法の大切なポイントの一つと言えるだろう。

話す内容を忘れても大丈夫

ＫＰ法は作っていくプロセス全体が、プレゼンテーションの予行演習になっている。もちろんどんなプレゼンテーションの準備でもある程度の予行演習になるには違いないが、多くの場合、スライド資料のどこからどの順番で何を話すのかは自由だ、決まっていない。また文字量の多いスライドだと、話さないことまで書いてあるケースが結構多い。そうした点から言って、作成プロセスでは必ずしもプレゼンテーション、特に話す練習をしているとは限らないのだ。

一方、文字数を制限したKPセットを順番どおりに話していくKP法では、下書きから始まり、完成するまでずっと行っているのは言葉を削る作業だ。そしてKPシートに書かれる言葉は、実際に話す言葉よりも遥かに少ない。僕の、平均4分のプレゼンテーションで話す文字数は1200文字だが、読む（KPシートに書いてある）文字数は、最大でも300文字だ。200文字以下のこともある。そのくらいの文字量（文字の大きさ）じゃないと、聴き手がKPシートに書いた文字が読めないので、必然的に文字量は少なくなる。一般的に言って、聴き手はプレゼンで見せられた文字を読もうとする。書かれている300文字を読み、同時に1200文字を聴いている。その1200文字の中には、下書きで消されていった文字たちもいたりする。KPを1セット作るプロセスでは、言葉を削りながら、何度も何度も、4分間のプレゼンテーションを練習しているのだ。

そして本番では、作成したKPセットの順番に話をするので、KPシートはまるで脚本（台本）の代わりになる。台本を手に持ってプレゼンテーションするのだから楽なものだ。

僕はホワイトボードに貼らないKPシートを作成して、KPセットの間に挟んでおくことがある。これは脚本における「ト書き」のようなもので、例えば「ここでひと呼吸おいて聴衆からの質問を受ける」とか、「ここで例の失敗談を短く話す」、さらには「ここで定番のギャグを一発！」などという1枚を挟んでおく。その1枚はもちろん掲示しない。まさに脚本なのだ。

大事なことを言おう。「忘れていい」のだ。怖い上司達が目の前にいてあがってしまっていいのだ。用意したＫＰの順番に粛々と話せば良いのだから。

ただ、ＫＰシートには話そうとする全文が書いてあるわけではない。書いてあるのは大切な言葉、要点だけだ。この紙を貼った時に、そこには書いていないけれど忘れちゃいけない大事なポイントを忘れないためにはどうするか？　簡単な方法がある。

ＫＰシートに書ききれなかった大切なポイントは、シートの下方に鉛筆など目立たない筆記具で小さくメモしておくのだ。鉛筆の小さい文字はどんなに眼の良い聴き手でも読むことはできない。あなたは安心してプレゼンテーションできるはずだ。

つまり、ＫＰ法ではプレゼンテーション本番に話すべき内容を「覚えてなくてはいけない」という呪縛から自由になることができる。本番では「忘れてしまっていい」のだ。「忘れないため」「思い出すため」に頭を使うのではなく、目の前の聴衆の反応を読み取り、その聴き手にとって最も適切な言葉かけをするために頭を使うようにするのだ。話す内容を忘れていいプレゼンテーションの道具、それがＫＰ法なのだ。

ＫＰ法の場面

ＫＰ法が「活躍する」様々な場面

ここまで、KP法を使ってプレゼンテーションすることについて述べてきたが、以降はKP法のプレゼンテーション以外の使い方も含めて、ここまで述べてきていない「KP法が有効に使える場面」についてお話しよう。それは以下のような場面だ。

・学校の授業（教員が使う場面／生徒が使う場面）
・参加型ワークショップで使う場面
・企業などでのブレーンストーミングで使う場面

KP法を最初に使い始めたのは「参加型ワークショップ」での手順説明からだった。学校の教室で使う場面でも、企業の会議室で使う場面でも、話していることが視覚化され、その場に再確認できるものとして残っていることが重要だ。

「言ったことを聴き手は全て間違いなく記憶している」ことなどほぼあり得ないのだから、言葉を視覚化して残し、それを眺めながら考え、話せるようにすることがKP法の役割なのだ。

学校の授業（教員が使う場面）

僕のKP法の文字の大きさ&太さ、つまり見えやすさは、僕が通常行うことが多い30名程度のワークショップの会場の広さが基本になっている。掲示面（黒板／ホワイトボード）と最も遠い人との距離が8〜10メートル以内を想定している。これは、標準的な小学校・中学校・高校の教室の黒板と最後列の人の距離とほぼ同じだ。

2012年に文部科学省の中央教育審議会が「アクティブラーニング」に言及して以来、全国で様々なアクティブラーニングへのチャレンジが行われてきた。早くからアクティブラーニングに挑戦してきた教員たちの目にKP法が留まり、前著『KP法　シンプルに伝える紙芝居プレゼンテーション』の発売以降、各地で開催されたKP法実践講座には毎回多くの教員の皆さんが参加してくれた。アクティブラーニングの追い風もあって、KP法は学校（特に高校）の教員の間で広がっていったようだ。初期の頃の教員の皆さんによる実践報告は、『アクティブラーニングに導く　KP法実践』（2015年／みくに出版）に詳しく紹介されている。

その『KP法実践』の共編著者である皆川雅樹さん（産業能率大学准教授・元高校教諭）によると、アクティブラーニングで生徒の話し合いやその結果発表の時間をとるためには、如何に講義時間を短縮するかが大事だが、KP法を使うようになってからは、「何が重要な情報なのか」「何を省いてよいのか」を考えるようになったという。授業では、最初にKP法で5分ほどの話を3セット（計15分）黒板で行い、そのKPセットは貼ったままにしておいて（高校の教室の黒板は幅6メートル近くあるので、3セットのKPを貼ったままでも空いた部分を活用できる）その後に小テストをやったり、問いを出してグループで話し合ってもらったりしていたとのこと。

KP法を使って最低限の伝えたいことを明示し、自分で調べれば分かることはあえて伝えないことで、生徒が主体的に学ぶ姿勢が生まれる。また、KPセットを掲示したままにしておくことで「個別の情報を記憶すること」よりも、「全体の流れ（関係性）を掴むこと」の大切さ

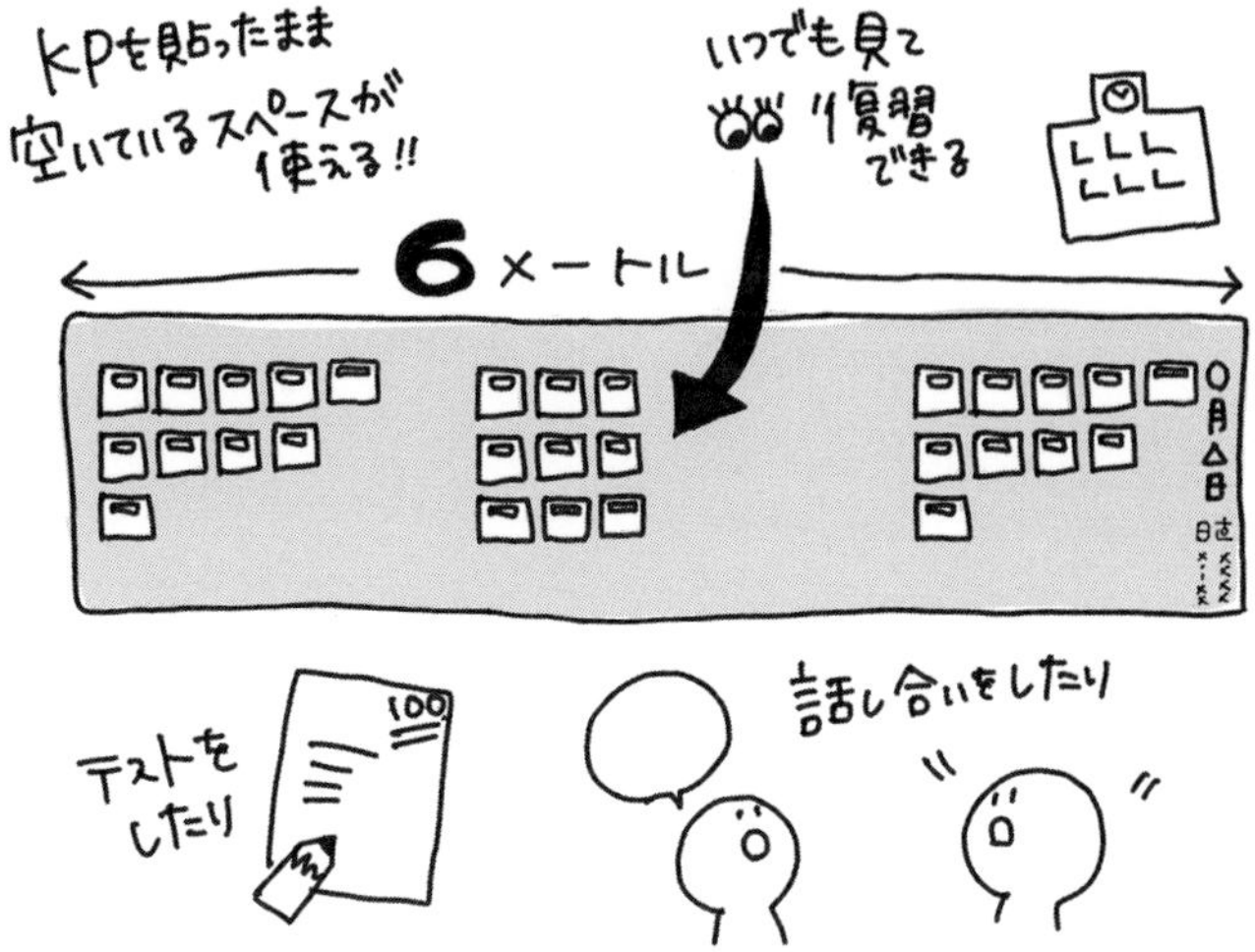

を理解してもらえる。これが、授業におけるKP法のメリットのようだ。さらにKP法を教師が使う良い点としては、生徒たちに対して「発表の見本を見せる」という意味もあるようだ。

学校の授業（生徒が使う場面）

アクティブラーニング型の授業では、しばしば児童・生徒・学生（ここでは以下「生徒」とする）が発表する場面がある。「考えたこと」「話し合ったこと」を発表するにはいくつかの方法がある。

一番簡単なのは「口頭での発表」だ。準備の時間がかからないという手軽さがあるので、準備の時間がない場合やそれほど長い発表ではない場合などには有効だろう。

次によく見かける方法は「議論の整理に使った付箋を貼った模造紙を見せながらの発表」だ。これは対話のプロセスとして付箋を使い、情報を整理して付箋のグループを線で囲んだり、タイトルを付けたりして、関係性を見えるようにする方法だ。整理のプロセスをそのまま発表に使える良い方法なのだが、付箋に書かれた小さな文字は聴き手には見づらい、というか、ほぼ見えない。発表者の台本としては良いのだろうが、発表資料として見せるならば、付箋に書いた重要なポイントは新たに模造紙に読める大きさで書き直したほうが良いだろう。

そこで3つ目の方法として「KP法」の登場だ。僕が推奨しているKP法による合意形成&発表の方法は以下のような手順だ。まず、付箋の代わりにA6サイズ（A4の4分の1）程度の用紙にマーカーで、個人で考えた、あるいはグループで話された要素を書き出していく。1枚の紙には1つの要素・キーワードを書くことが唯一のルール。全員で一斉に書いてもいいし、誰かが記録係になって皆の発言を書く方法でもいい。用紙はミスコピーの裏紙でOKだ。裏面が貼り付く付箋よりもA6用紙を強くおすすめするには理由がある。裏に糊がないほうが当たり前だが動かしやすい。「な〜んだ、そんなことか」と思われるかもしれないが、この「動かしやすい」ということが議論に良い影響があるのだ。「動かすことに躊躇しない」ようになるということだ。糊のあるなしだけで、心理的な影響は結構大きい。

A6用紙を使って考えの整理（思考整理）が大体できたら、発表の準備にとりかかる。仮にA6用紙25枚で整理ができていたとしたら、それを先生から指示のあった発表用紙の枚数（4枚としよう）にまとめてみる。整理できたら、4人チームだったら手分けして1人1枚ずつ発

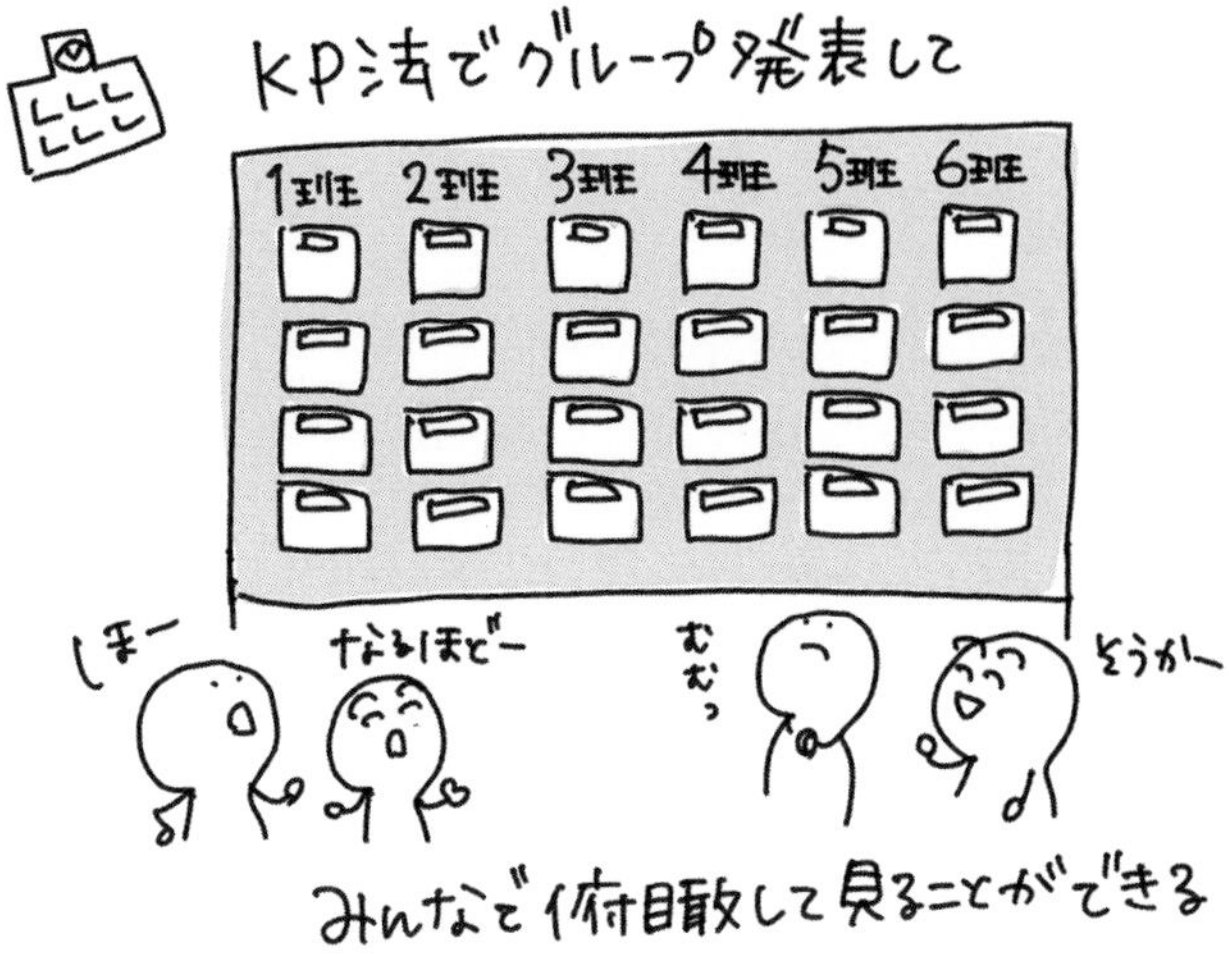
KP法でグループ発表して
1班 2班 3班 4班 5班 6班
ほー
なるほどー
むむっ
そうかー
みんなで俯瞰して見ることができる

表用のA4用紙に清書する。このやり方なら発表資料作りはあっという間だ。

KP法での発表は「使うのはコピー用紙／要点が明確で分かりやすい／発表準備に時間がからない／全員で準備に取り組める」など利点だらけだ。各グループの発表用紙の枚数を4枚程度に制限すれば、6グループの発表だったとしても、全ての発表に使ったKPシート（24枚）を黒板に貼ったまま全体を俯瞰することもできるので、それらを見ながら先生がコメントしたり、意見を交換したり、対話を生みだすこともできる。

参加型ワークショップ

参加型のワークショップの場合の要素は、「学校の授業」の生徒の発表と、ほぼ変わらないが、付け加えるならワークショップでは、参加者にこれから各グループで行ってもらう作業の手順等を説明する場面がある。そのような時にもKP法は大いに有効だ。むしろこうした使い方からKPは生まれている。手順にしても、知識にしても、参加者全員が正しく情報を受け取り、その結果として学びがなければ意味がない。そして多くの場合、共有した情報をもとに参加者同士で対話することによって学びが深まる。

ところでワークショップと言えば、「あ〜、あの付箋に色々書いて議論するやつね」と揶揄されることがある。決してそう言われたくないからというわけではないが、僕の場合、ほとんど付箋は使わない。もちろん使い方によっては便利なアイテムなので、KP法の工夫の際に活用することもある。詳しくは第5章を見てほしい。

KP法を推奨しているからといって、僕はパワーポイントを全否定しているわけでも、「模造紙に付箋」を目の敵にしているわけでもない。ただ道具や手法にはそれぞれ適材適所というか、使う状況によって、向いている場面と向いていない場面があるということなのだ。

道具はその使う場面によって違ってくる。KP法の紙の大きさと筆記具が良い例だが、聴き手あるいは参加者が、1人、3〜5人、10人、20〜30人、それ以上と変わってくれば、紙の大きさも筆記具の太さも変わる。いや、変えないと適切に情報が共有できない。

企業でのブレーンストーミング

もう10年以上前になるが、東京の大手広告会社の会議室に行った時に、窓以外の壁面が、全

こんなブレーンストーミングもできる!!
KPの隙間に
アイデアを書き込む!!

部ホワイトボードになっているのに驚いたことがある。さすが！と感心した。そこでは基本的に「貼る」よりも「書く」という用途でホワイトボードを使っているのだろうが、キーワードを書いたA5（A4の2分の1）かA6（A4の4分の1）サイズの用紙を貼る掲示面として利用すれば、貼られた用紙を自由に移動しながら、そこにホワイトボードへの書き文字・線・記号等が加わることで、最強のブレーンストーミングフィールドが完成する。

僕がその広告会社を訪問した時には残念ながらそのホワイトボードを使うチャンスがなかったのだが、2022年まで勤務していた日本環境教育フォーラムの会議室は、広告会社の3面ホワイトボードには負けるが、2面（ほぼ）全部ホワイトボードになっている。長いほうが3.5メートル、短いほうが2.5メートル、合計6メートルのホワイトボードがあって、これだけの壁面があると色々な使い方ができる。

プレゼンテーションではなくブレーンストーミングの場合は、そう人数も多くないだろう。プレゼンでは20〜30人いてもおかしくないが、ブレストではせいぜい3〜8人程度ではないだろうか。そのくらいの人数だったら、A5あるいはA6サイズの用紙を使って、1つのKPセットをKPシート同士の空間をあけて発表し、KPシートの隙間に様々なアイデアを書き込んでいくというスタイルが取れるだろう。

「はじめに」にも書いたが、KP法は「黙らせるためのプレゼンテーション」ではなく、そこから「対話を生みだす」プレゼンテーションなのだ。それこそKP法の真骨頂なのだ。

KP法を作る

「直《ちょく》さんが作っているKP法の、清書する以前のプロセスを知りたい」

「どういうプロセスであのKPセットを作っているのか、その全体を知りたい」

こんな声を受けてこの本の企画は始まった。「そんなプロセスなんて、自分の頭の中で起きていることだから文章に表現することなんかできないよ」と思ったが、考えてみると僕はA4サイズの紙に太いマーカーで文字を書く前、つまり清書する前に、何枚もの下書き（いたずら書き）を書いていたし、色々なメモを書いていることに気が付いた。ただ、主にワークショップの手順説明にKPを使っていた1990年代、KP法を始めた頃はそれほど多くの下書きは書いていなかったと記憶している。

ワークショップでの実習の手順を説明するKPとは、「何分まで」に「話し合うテーマは◯◯◯◯」について「発表は◯◯◯◯のような方法で」「行き詰まったらいつでも相談して」などを、グループでの実習時間中、ずっとボードに貼っておくというものだった。皆はチラチラそちらを見ながら作業をすすめる。初期のKPはそんな道具として使っていた。

そのうち「◯◯とは？」のように、あるキーワードの意味や背景、可能性や課題などについての話の補助道具として使うようになってからは、すぐにマーカーを手にしないで、下書きを書きながら構想を練るスタイルに変わってきた。

また、さらにその後には、自分の守備（得意な）範囲ではないようなテーマについても、話さなくてはいけない機会も増えてきた。こうした場合には、大体講演の依頼を受けてから講演当日までは少なくとも数週間の時間があるので、その間に様々な情報にあたって、調べたり、考えたり、書いたり、眺めたりを繰り返すようになっていった。

こうしたプロセスを丁寧に書いていけば、少しは役に立つ本ができそうだと思い、この本の執筆に取り掛かることになったのだ。

コラム2　情報整理に大切な考え方3点

山根一眞さんから学んだ情報整理に大切な考え方、それは次の３点だ。「規格化する」「誰でも真似できる」「コストがかからない」。封筒整理法は見事にこの３点をクリアしている。角２の封筒という規格を使い、封筒に放り込んでタイトルを付けるだけというシンプルな方法で、郵便物にも多い角２封筒を使うのでコストもかからない。

そしてこの３つの大事な点を僕のＫＰ法に当てはめてみると以下のようになる。

・**規格化する**：ＫＰ法に使う紙はＡ４サイズにしている。Ａ４用紙のＫＰセットを角２封筒にテーマかイベント毎に整理。Ａ４サイズに規格化することで､出先での書き換え､補充も容易になり、角２封筒によって自宅での保管も楽になる。

・**誰でも真似できる**：ＫＰ法は「Ａ４用紙にキーワードを書いて貼りながら話す」という極めて単純なプレゼンテーション法なので、誰でも真似できる。YouTubeのＫＰ法のチャンネルで２～３本動画を見れば、あとは「真似する」だけだ。

・**コストがかからない**：ＫＰ法で使う用紙はミスコピーの裏でＯＫ。水性マーカーとマグネット、それに黒板かホワイトボードがあればすぐにできる。昼間だったら停電してもできる。

第3章

KP法の作り方

僕の発想の順番はこうだ。

1. そのテーマについて「知っていること、考えていること、分からないこと」等を全部A4裏紙に書き出す
2. その紙を眺める
3. 適宜、分解・合体する
4. 不要なものを捨てる・拾う
5. 残された言葉を精査する

KP法は「プレゼンツールであるとともに、思考整理ツールでもある」と前章で述べたが、KPセットを作っている過程では、まさに思考を整理している。そして出来上がったKPシートのレイアウト（配置）によって、整理された思考をデザインし構造的に見せている。

試行錯誤を繰り返し、色々なひらめきを大事にしながら、「こう言った（考えた）ほうが分かりやすいかも」などと発想を楽しむ。これが僕の基本スタイルだ。

それでは、川嶋式KP法が出来上がるまでの全プロセスをご紹介しよう。

ブレスト編

まずは、ただ「考え続ける」ことから

プレゼンテーション本番まで、数週間程度の時間的な余裕がある場合には、あえてすぐに下書きには入らない。当日話さなくてはいけないテーマを、「○○…○○」とブツブツ言いながら過ごしたりする。

ブツブツ言いながら歯を磨き、ブツブツ言いながら新聞を読み、ブツブツ言いながら出勤し、ブツブツ言いながら郵便物の整理をし、ブツブツ言いながらお昼ごはんを食べ、ブツブツ言いながら……。

そうやって過ごしていると、「○○…○○」に関係する様々なことが目に耳に入ってくる。一見関係なさそうなことも「関係することとして」目に耳に入ってくる。もちろん、その数日間「○○…○○」のことだけを考えているわけではない。でも、途切れ途切れにでも考え続けていると、調べたり、人に聞いたり、口に出してみたり、見つけたり、思い出したり、色々なアクションを取ることになる。こうしたアクションの結果、いくつかの新たなキーワードがぼんやりと浮かんでくる。

このように「下準備」をしつつ下書きに取りかかるわけだが、それでもすぐ下書きに入れる時と、なかなか下書きに入れない時とがある。おそらく「すぐ下書きに入れる時」というのは、そのことについて、そこそこ頭の中に材料が揃っている状態なのだと思う。今までそれほど考えてこなかった対象について書こうとしたら、誰だって最初は行き詰まるだろう。普段から、いつも何度も考えているから、自然と言葉が出てくるのだ。

「来月広島で講演だよな～」「聴衆は◯◯を知りたいと思って来るらしい」「でも◯◯については僕も分からないことが結構あるんだよな～」などと考えている。そう考えていると、◯◯についての情報に触れることが自然と増えてくる。もちろん◯◯に関する情報を積極的に取りに行く（調べる）こともするが、ただ「気にしている」だけでも、普段は聞き逃していたり、見逃してしまうような情報が、目に、耳に入ってくる。こうやって◯◯について考え続けているからこそ、下書きの準備ができているのだ。

そう、だから、下書きの前段階として、ＫＰ法を使って話をする相手のことを想像し、その方たちが知りたいことを、その方たちの現場に近いキーワードや事例から話していくにはどうしたらいいだろう?等と、思い続けるプロセスを踏んでいる。

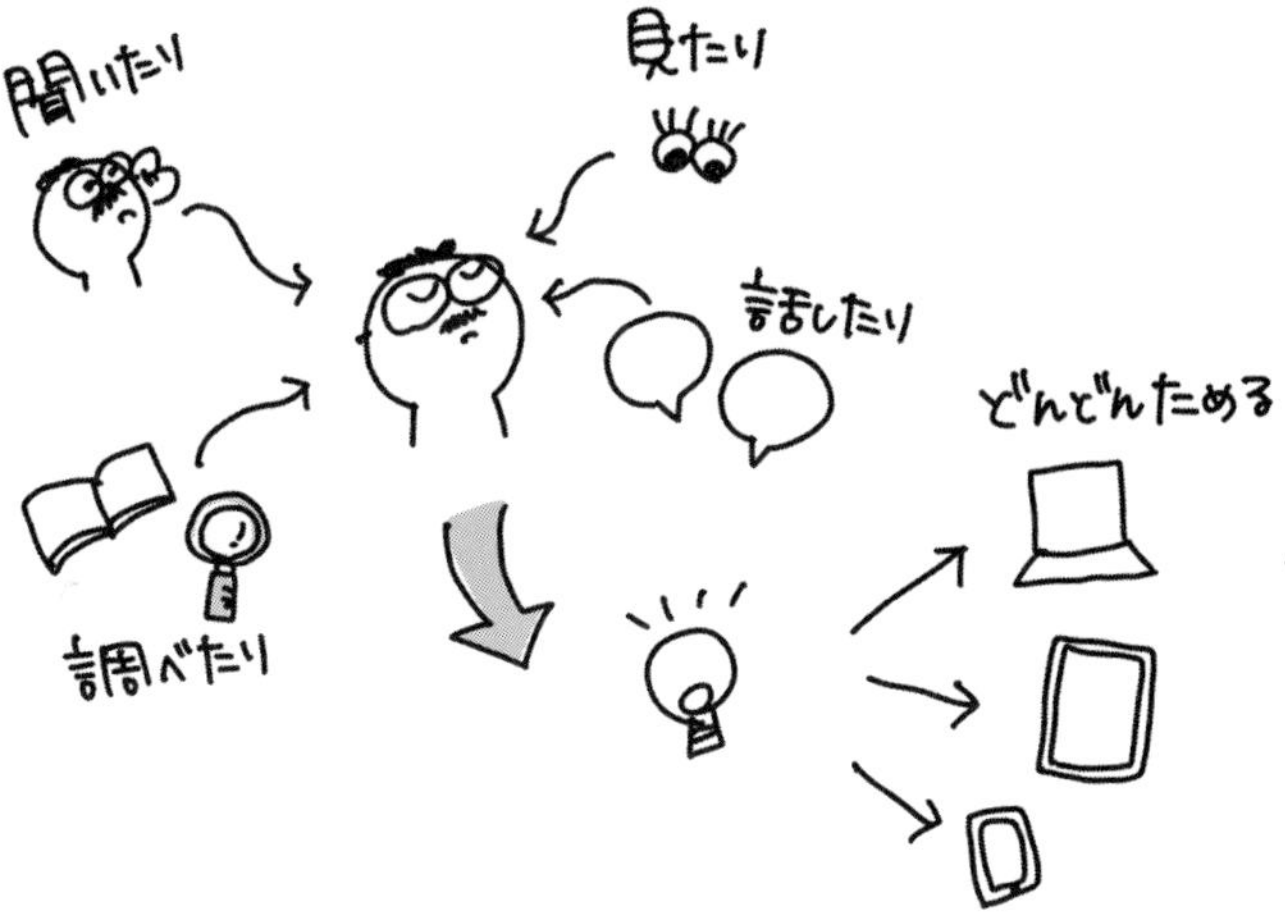

「忘れたくない情報」に接したり、ある「フレーズ」を思いついたりすると、僕はパソコン、タブレット、スマホが同期する「メモ」に残す。事務所か自宅か特急列車の席でパソコンを叩いている時に浮かんだ言葉はその場ですぐにメモアプリに書き、電車に乗っている時だったらスマホのメモに、夜中のベッドで思いついた時にはタブレットのメモに書く。書かれたものは同期されているから全てのデバイスが同時に更新され、どんどん積み重なって保存される。しばらくはこうした貯蓄の期間を取る。

情報やフレーズは、ネットの中から探したり、偶然出会ったりすることもあるが、電車の中吊り広告や、テレビのニュースやドキュメンタリー番組から思いつくこともあるし、居酒屋の酔っぱらいオヤジたちの声からヒントを得ることも、自宅の本棚の背表紙を眺めている時にひらめく

こともある。いつも気にしていると普段なら見逃してしまう情報も引っかかるのだと思う。

そうこうしているうちに、「そろそろKP作らないと間に合わないよ～」という「締め切り力学」が働いて鉛筆を握ることになるのだ。

いたずら書きでブレスト開始

白い紙を机に置いて（僕はいつも横向きに置いている）、○○についてそれまで見聞きして自分も納得した、頭に引っかかった情報を書き始めよう。この段階では「下書き」というよりは、もう一段前の、「いたずら書き」というイメージだ。僕の場合はA4サイズのミスコピー用紙（要するに裏紙）を数枚机に置き、2Bの鉛筆（あるいは0.9ミリか1.3ミリのシャープペンシル）を握って言葉を書き始める。

ここでは長文は書かないようにしている。短い言葉の塊、フレーズ（長くても10数文字以内）を少しずつ書いていく。できるだけフレーズ同士が何らかの接続語（文法的な意味での接続詞ではなく）でつながるように意識して書いていく。連想ゲームをする感覚だ。

その接続語とは例えば以下のようなものだ。

「何故なら／一方／具体的には／そして／さらに／例えば／その原因として／要するに／だから／何と言っても／分解すると／まとめると……」

書いたフレーズの半分以上を捨てることは普通にある。A4の紙1枚に浮かんだことの全部を無理やり詰め込もうとはしないで、大体紙面が埋まってきたら（埋まる前でも、少しでも切り口が変わってきたら）次の紙に移る。そうして、場合によっては1つのKPセットを作るのにA4の「いたずら書き」を2~5枚、多い時には

いたずら書き①

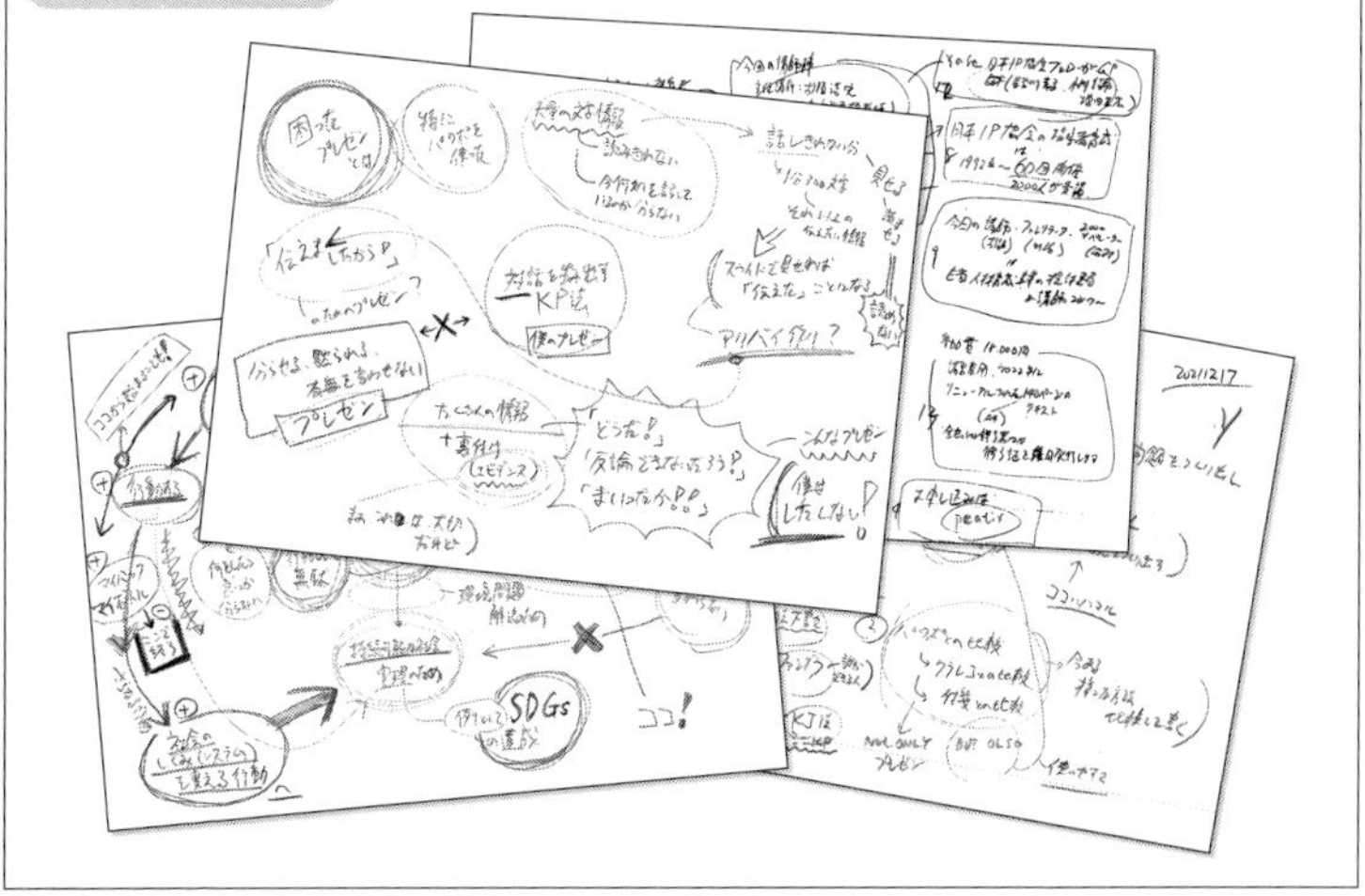

最初は思い付くまま言葉を書き留める（少し関係性も意識して）

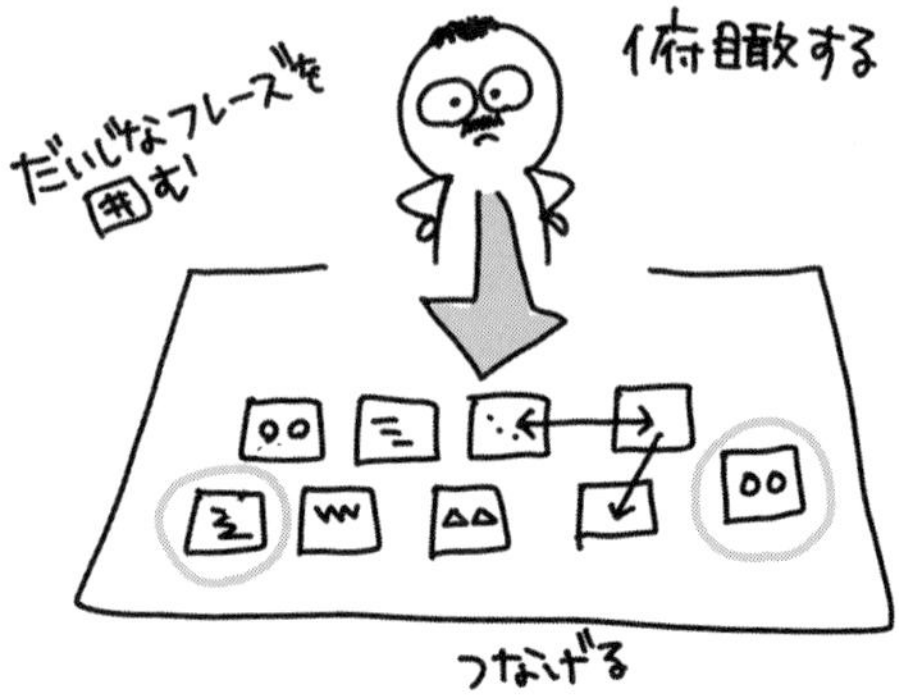

10枚以上書くこともある。

こうして数枚のいたずら書きが出来たら、広い机に広げて俯瞰する。大事だなと思った言葉の塊（フレーズ）を赤鉛筆で丸く囲む。広げた数枚が1つのKPセットと想定してみる。

いたずら書きの過程で、「誰かが言って（書いて）いたあのこと」と「今朝のニュースで見たこと」と「随分前に誰かが教えてくれたこと」が、実は関係があるのでは、などと気付くことがある。ヒトやコトの情報の断片をつなぎ合わせてみると、一つの流れが見えてくることがある。その流れを表す言葉やフレーズが浮かび上がれば勝ったも同然！（もちろん、勝ち負けじゃないけれど。）

この最初の「いたずら書き」を何枚か書くことを強くおすすめする。そして「いたずら書き」も捨てないでどこかに置いておくようにする。その多くはそのまま処分されるのだが、まれにあとで見直して、その段階で捨てられた言葉を救出するケースもある。「ゴミ箱は何のためにあるか？」「あとで拾い出して眺めるためにある」とは僕の迷言だ。

一人ブレストはスピード命、そして寝かす

　言葉の塊（フレーズ）はこの時点ではあまり細かな精査はしない。とにかく脳のスピードに負けないように書く、書く、書く。多少汚い字でも、何とか判読できさえすればそれでいい。漢字が書けなかったらカタカナ・ひらがなでいい。ブレストでは詳細に入り込んで「深堀り」するよりも、あとで眺めて大きな流れが掴めることを意識する。

　「多分これは使わないかもなぁ」と、一見無駄に思える言葉も書いておく。とりあえず書いておく。鉛筆は良い。その軽さが好きだ。筆圧

いたずら書き②

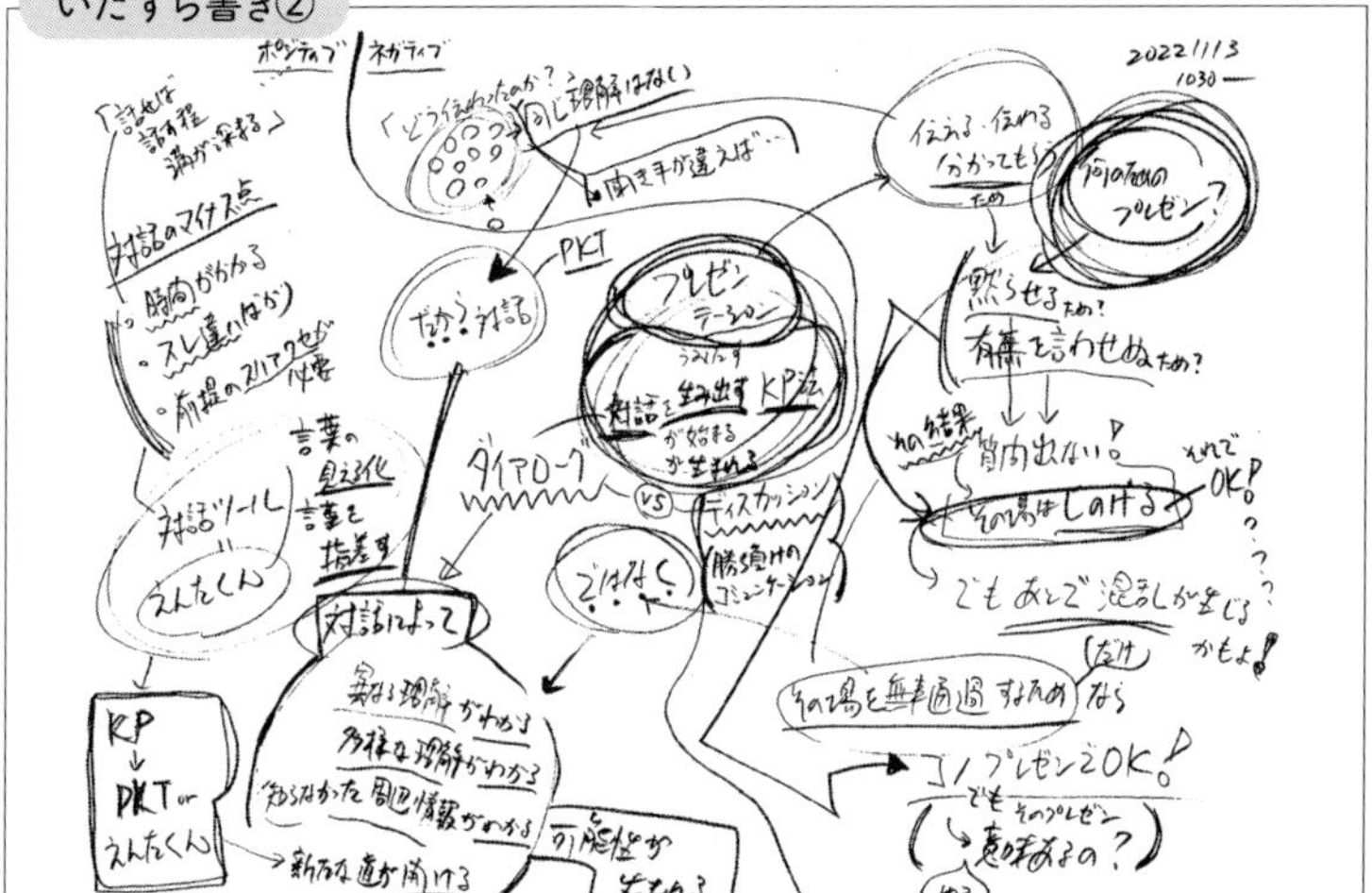

大きな流れを意識しつつ、スピードに乗って書いていく

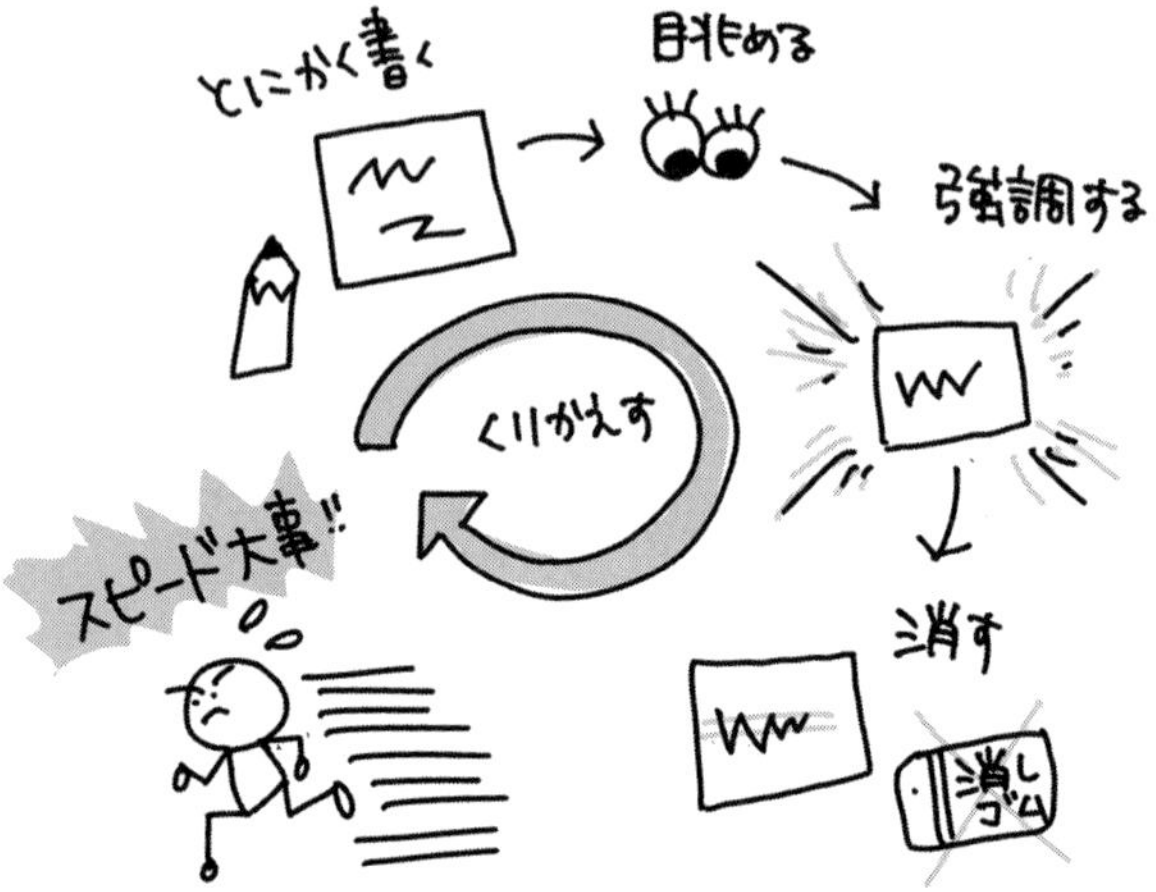

しだいで濃くも書けるし薄くも書ける。文字のまわりをグルグルグルと何重もの丸で囲んで強調することもできる。漢字を調べて脳のスピード列車に乗り遅れるよりは、とにかく書く、書く、書く。

書く、眺める、強調する、消す。いや、消す時に消しゴムは使わない。ひょっとしたらあとで生き返るかもしれないから、軽く二本線を引いておくだけ。行き詰まったらストップして何か他のことをする。お茶を飲んでも良いし、メールの返事を書いても、散歩に出掛けても、誰かに電話しても良い。しばらく他のことをして、またこのブレストの紙に戻ってきたら、紙が「やあ、お帰り」と迎えてくれる。再び眺めて、書き足して、強調して、使いそうもない言葉を二本線で消して、そして次の紙に移る。

ここで、「スピード」と反対の大切なことも

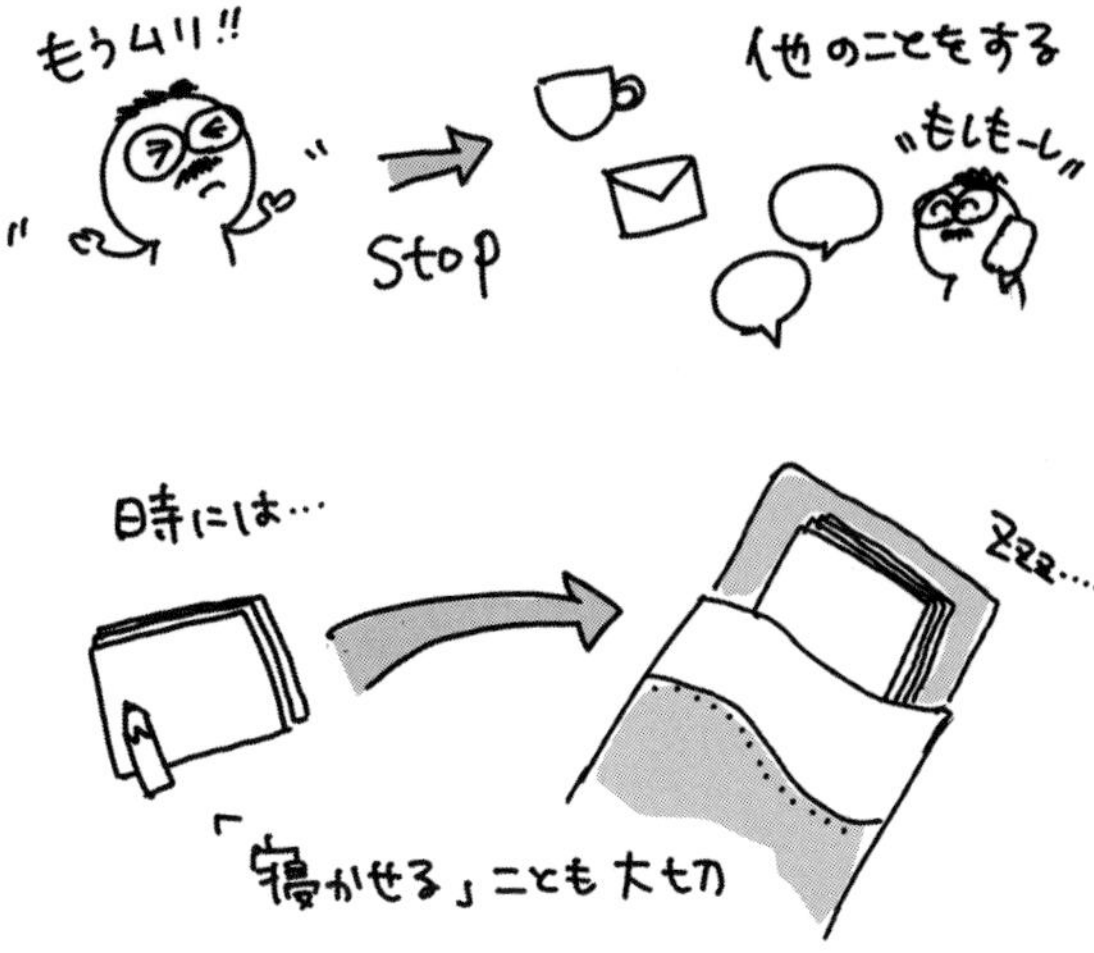

言っておこう。書いたら「寝かす」。プランナーやもの書きの人がよく言うことだが、書いたものをしばらく寝かす（放っておく）ことは、たしかに必要だと思う。寝かすと言っても、せいぜい一晩くらいだ。一晩経って再度眺めると見える景色が違ってくることがある。少し加えたくなったり、削りたくなったり、言い換えたくなったり。締め切りまで余裕がなくて寝かす時間を取れない場合は仕方ないが、可能であればこの「いたずら書き」も、次の「下書き」も、それぞれ一晩くらい寝かすことができると、よりこなれた表現になることが多い。

ただし、勢いで一気に作ったKPセットが全部ダメかと言うと、そうでもない。その勢いがそのままKPセットに乗っかって、プレゼンテーションの強力なパワーにつながる場合だってある。

手書きの効用

僕のKP法作りは、最初のいたずら書きも、下書きも、清書も全部手書きだ。一人でブツブツ言っている最初の段階では、デジタルデバイスの「メモ」を使うことは前にも書いたが、これは僕がそうしているというだけで、自分のやりやすい方法をとればいい。ただ、下書きも清書も、それぞれ違った意味で「手書きに優位性」があると、僕は考えている。

いたずら書きや下書きの場合は、キーボードを叩く方法と比べて、これは圧倒的に手書きの優位性が高いと思っている。書くスピードが違う。表情が違う。文字の大きさや太さ、文字を丸く囲んだり、文字と文字を線でつないだり、矢印などで関係性をつけたり、書く場所を自由に決められるのも圧倒的な優位性だ。こうしたこと全て含めたスピードが違う。もちろん、コンピュータでもこれらのことはできるが、手書きのスピードと表情には全く敵わない。

つまり、紙に手書きする行為はまるで絵を描いているようなもので、イメージを掴んで言語化することは、キーボードによるテキスト化では表現しきれないし、ましてや描画アプリを使っていてはスピード感がまるで違う。最新のタブレットとペンを使って、紙面をどんどん天地左右に拡げて描けるアプリも登場しているが、僕はまだ手書き派だ。

KP法の下書きは「綺麗なフィニッシュ」を求めるものではなく、自分の頭の中の情報からテーマに関連するものを発掘して並べ、それらを関係付けて構成し、不要なものを削除して、

シンプルなストーリーに仕立てることを目指している。別の表現を使えば、情報を集めて編み上げる、つまり「編集」作業をするための最適な方法として、僕の場合は結局「紙と鉛筆」に行き着いたのだ。

一方、清書で手書きを使う意味は下書きの場合とは少し違ってくる。僕もKP法と命名する以前にはコンピュータで太いフォントを使って印刷していた。そのほうが聴き手にとっては読みやすいと思っていたからだ。でも、ある企業研修の時に会場に到着した直後にひらめいて、急いで10数枚のKPセットを手書きで作成したことがあった。そのKPセットはその日の僕の最後のKPだった。会場から質問や感想を求めると最前列にいた年配の方から「川嶋さん、最後のやつが一番良かったね」と言われた。僕は当然KPの内容について褒めてもらったと思っ

手書き
よかったねー
思いが伝わる
が作った感じ

たが、よく聞くと「手書きが良かったね〜」と言うではないか。「何か最後のやつは川嶋さんが作ったって感じがして……」「はい、そうです。今日、この会場に着いてから作ったものです」「そうだろ、それに手書きのほうが味があって良いな〜」と褒められた。「じゃあそれまでやってた印刷したほうのＫＰは？」と聞くと、「どこかで売ってるのかと思った」と言われて仰天した。

この出来事がきっかけになって、僕はその後作る全てのＫＰを手書きで作るようになった。手書きのほうがその人の（気持ちのこもった）言葉として受け取られるようだ。

手書きの効用については色々なところで語られているが、ＫＰ法の場合、下書きでは話し手（書き手）にとっての効用が大きく、清書では聴き手にとっての効用がより大きいと感じている。

下書き編

いたずら書きから下書きへ

「いたずら書き」を数枚書いて、そのテーマについて考えていることを大体書き切ったと思ったら、いよいよ「下書き」に移ろう。書くスタイルはいたずら書きとほとんど同じだ。Ａ４用紙の裏紙を横向きに置いて、２Ｂの鉛筆（あるいは0.9ミリか1.3ミリのシャープペンシル）を用意する。いたずら書きで書いた言葉の塊を眺めながら、いくつかの言葉の塊を拾い上げる。目立つように赤鉛筆・青鉛筆等で囲む。あるいはカラーサインペンでも良い。囲んだ言葉の塊を下書きの紙に転記する。

この先の作業手順について、以下に詳しく書いていこう。

下書きは紙の真ん中から書き始める

紙の真ん中から書き始める、これは「マインドマップ」の手法と似ている。紙を横向きにして使うのも、マインドマップ風だ。パソコンで文字を打ち込む時のように、紙を縦に置いて、左上から1行数十文字をずっと紙の下方向に書いていくという方法はとらない。この方法は「文章」の書き方であって、「絵」の描き方ではない。いたずら書きや下書きでは、文字は書くが、

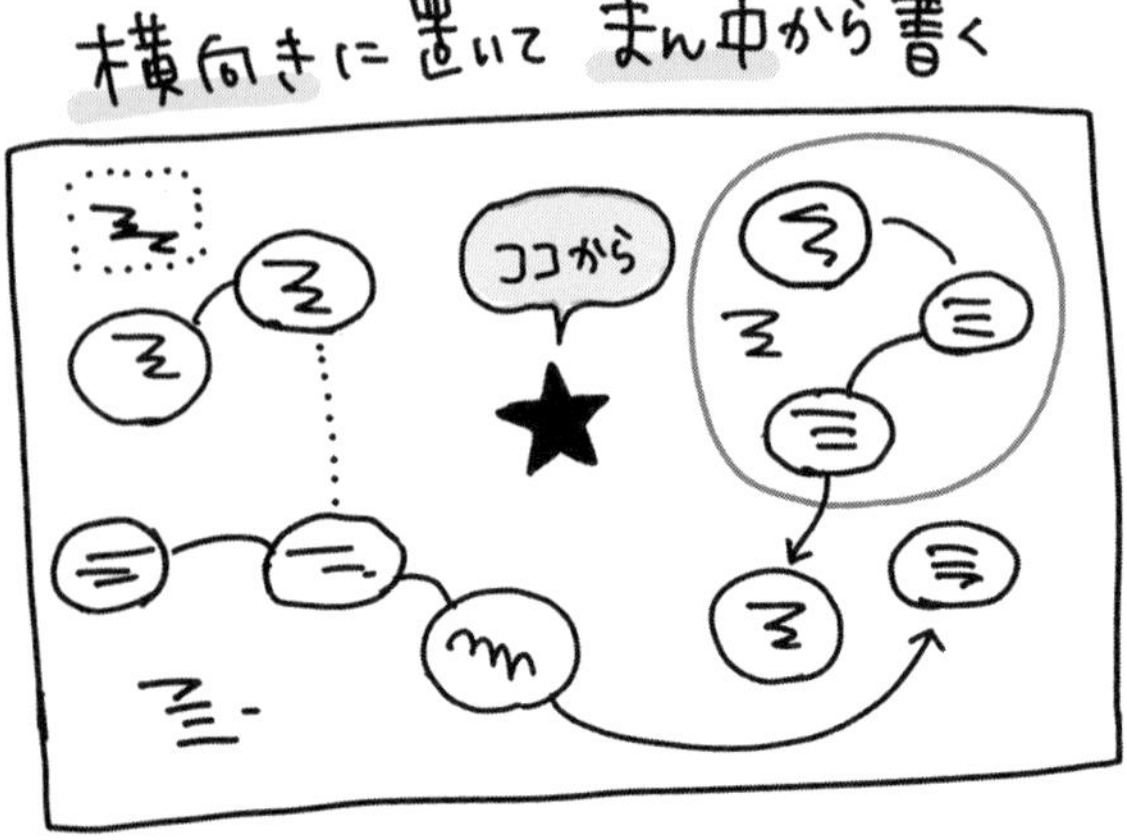

一つの絵を描こうとしているのだ。仮に20文字書くとして、それを横1行には書かない。5〜7文字×3〜4行で書く。ただ適当に改行するのではない。名詞、特に固有名詞の途中では改行しない。しかし「独立行政法人国立青少年教育振興機構」などとその組織名だけで17文字もある固有名詞だって珍しくない。そうした場合の対応は簡単だ。略す。「機構」、それでOKだ。自分だけが分かればいい下書きなのだから。

言葉を塊（フレーズ）として描く。その時、塊と塊の関係性が大事だ。関係性をただ文字列で示すことはとても困難だが、手書きであれば関係性が分かるように描けるはずだ。塊と塊がどんな関係にあるのかも少しずつ意識しながら描いていく。紙を横向きにして、真ん中から描き始める理由は、様々な言葉と言葉の関係性から、そのテーマの意味を見出していくために、

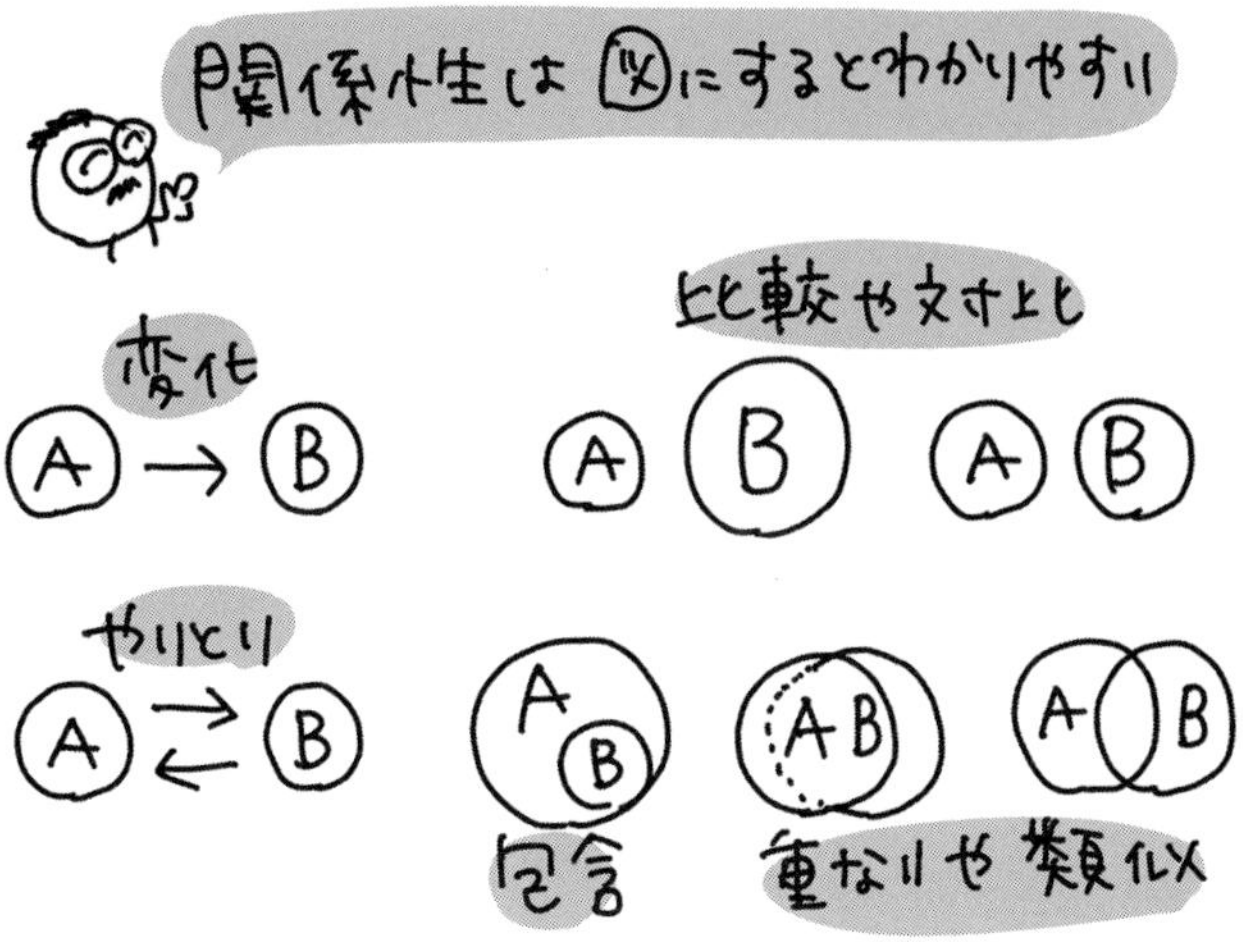

絵を描きやすいからなのだ。

仮タイトルを考える

まずは、用紙の真ん中にこのKPセットで伝えたい（整理したい）テーマを書く。そのテーマの言葉はそのままタイトルになることが多い。最も定番と言えるタイトルは「○○とは」という○○についての概念整理のようなもの。ただ、書き始めの時点でタイトルを確定する必要はない。むしろ確定しないほうが良い。タイトルは大体の言葉が決まりそうになった時点で再点検して、当初考えていたタイトルで良いか、あるいは、別の切り口からのタイトルのほうが良いかを再検討する。

言葉を選ぶ

「いたずら書き」に書いた言葉の塊を眺めな

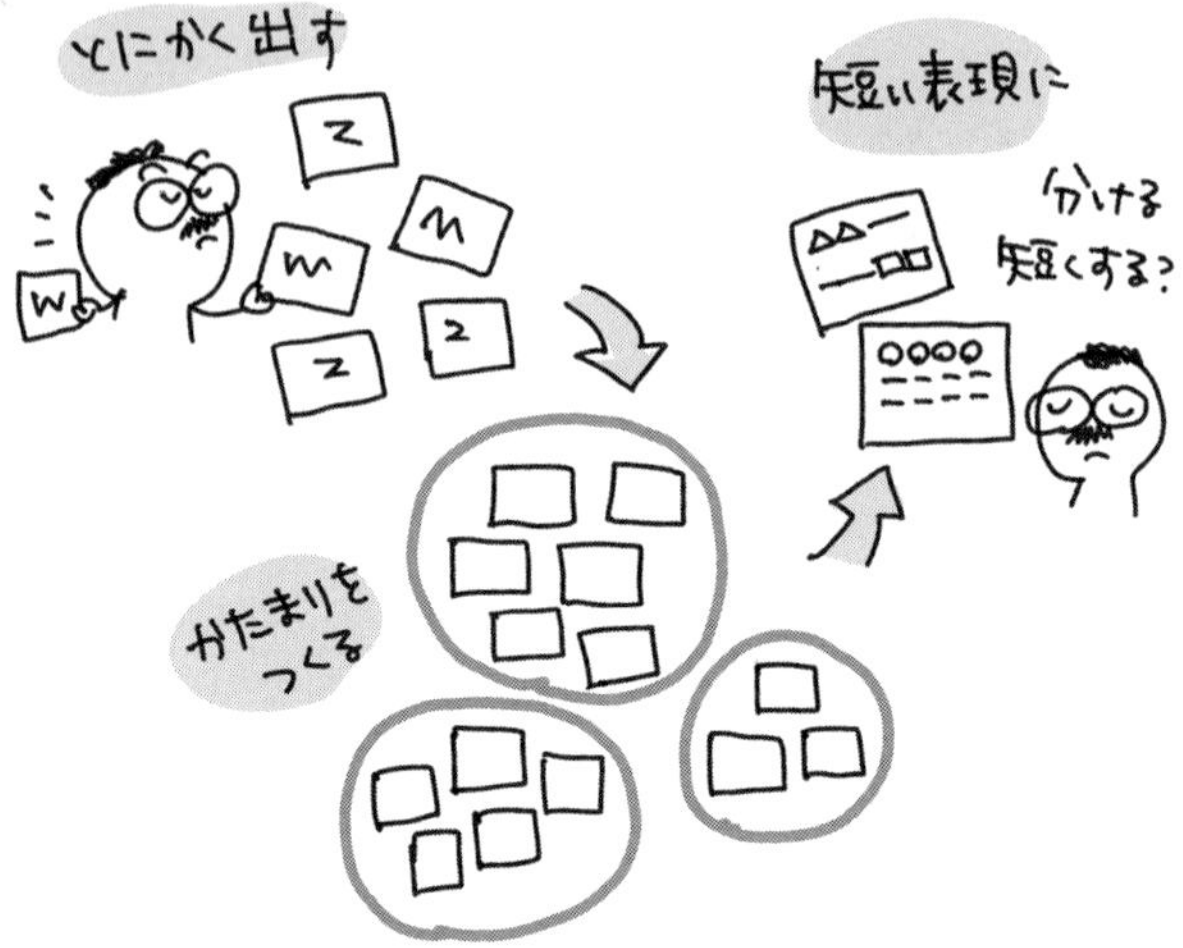

がら、清書前の最終下書きの1枚に転記する言葉を選んでいく。

書いた言葉を○や□で囲んだり、それらを矢印でつないだり、「言葉同士の関係性」を表現したりするためにも、タッチの柔らかい筆記具が向いている。鉛筆やシャープペンシルを使うのは、決して「あとで消したい」からではない。下書き時にも消しゴムを使うことはない。消したくなったら、鉛筆かシャープペンシルで二本の線を引くだけ。完全に消し去ることはない。場合によってはこれらの言葉があとで「生き返る」こともあるのだ。これは数人で行うブレストでも同様だろう。例えば様々なアイデアをA6サイズ（A4の4分の1）やA7サイズ（A4の8分の1）のカード（紙）に、1枚に1つのアイデアを書くというルールにして、とにかく書きまくる。書いたものをテーブルに並べて、眺めて・考えて、皆で意見交換しながら、新たに浮かんできたら、また書く、テーブルに並べて、眺めて・考えて……、を繰り返す。徐々に絞り込んでいく過程で不要なカードをだんだん外していくことになるが、決して捨てはしない。この外されたカードもあとで「生き返る」ケースがあるからだ。

言葉の塊を作る

大体のそのテーマについての「要素（自分が考えていること）出し」として言葉選びができたら、10〜15くらいの言葉の塊を作っていく。10数個の○で言葉の塊を囲っていく。次にそれぞれの○の中の言葉が、数文字〜10数文字で収まるか検討する。20文字を大きく超えるようだったら2つの○に分けるようにするか、もっと短い表現にできないか考える。

下書き①

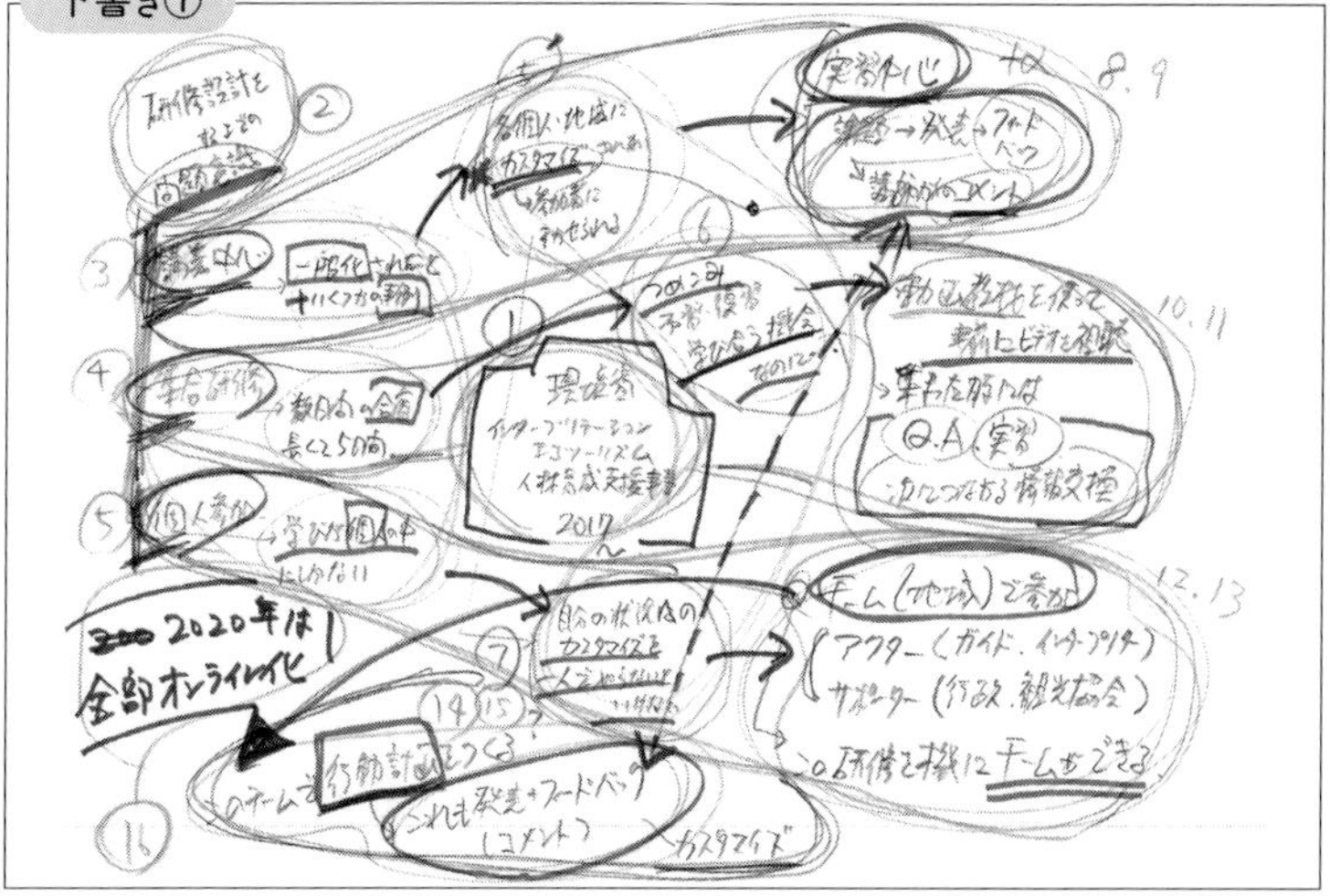

言葉の塊を10〜15に整理していく

「言葉の塊を作る」→「言葉を○で囲む」→「囲まれた○の中の文字数を確認する」→「場合によっては○を2〜3つに分解する／あるいは短くする」という流れだ。

これらの作業を進めながら、全体でテーマについてのストーリー（話の流れ）に無理がないか、俯瞰する。あまりにも情報量が多い場合には、無理に1セットに押し込むことはしないで、セット自体を2分割できないか考える。場合によっては、そもそもそこまでの詳細な情報が必要かどうかも再検討する。

タイトルを決める

大体の構成が見えてきたところで、タイトルの再検討を行う。初めに考えていたタイトルのままで良いか？　もっとキャッチーな（聴き手の注意を惹き付ける）表現はないか？

ＫＰの内容をどんどん書いていきた結果、初めに考えていたタイトルの方向性とは違った方向性に考えが整理されてきているようだったら、当初案にこだわらず、新たな方向性を表すタイトルへの変更を躊躇せずにしたほうが良いだろう。

構成を考える

ＫＰシートに入れる言葉を決めながら同時に構成もイメージしていく。約15枚のＫＰシートそれぞれには「役割」があると考えたら良い。役割とは例えば以下のような感じだろう。

・タイトル…何について話すか
・背景（数枚）…これについて話す理由など
・理解するための切り口（数枚）
　…こんな風に考えては？…という提案
・具体例（数枚）…実際にこんな例もある
・結論…言いたいことのまとめ

この他に、「タイトル／現象／原因／解決のアイデア」でも良いし、「タイトル（問い）／回答の例いくつか／その裏付け（理由）／結論」など、こうした構成のパターンには色々なものがあるが、有名なところでは「PREP」がある。PREPはこうした構造の最もシンプルなスタイルだ。

P（Point）結論「最初に結論から言いますと」
R（Reason）その理由「何故かと言いますと」
E（Example）その例「その実例としては」
P（Point）結論「やっぱりこれが結論でしょ」

こんな感じだ。言葉を並べる時にそれぞれの用紙の意味（役割）を考えながら、構成することを意識すると良いだろう。こうした意識なしに言葉を並べてしまうと、最悪、「問い／理由／理由／理由／理由／理由」で、全く話が展開しなかったり、結論にも辿り着かないという惨事が起きたりするので気を付けてほしい。

旧来から言われている「起承転結」や「序破急」、そして先に紹介した「ＰＲＥＰ」などを参考にして、よりシンプルで伝わりやすい構成を考えてみよう。

言葉を精査する

ここでさらに、言葉を精査していく。長過ぎたら短く表現できないか考える。また、レイアウトにも関係することだが、すぐそばに並べて配置するＫＰシートでは、同じような韻を踏んだり、結語を工夫したりする。ＫＰはあくまでも話し言葉の補助の道具なので、文章で正確に伝わるように書く必要はない。

「コミュニケーションのすれ違い」と書いて、伝えたい意味としては「コミュニケーションのすれ違いが生まれないように」なのか「コミュニケーションのすれ違いが生まれた場合には」ということなのか、様々な場合があると思うが、話し言葉でちゃんと伝えているのだから「生まれないように」や「生まれた場合には」は、前後のＫＰが意味を伝えているようであれば書かないことも多い。

KPシートには単語だけのほうがより印象に残る場合もある。例えば「環境問題解決のための3つの方法」というタイトルを受けて、「規制によって問題を解決する方法」「技術革新によって問題を解決する方法」「教育（意識変革）によって問題を解決する方法」という3枚ではなく、「規制」「技術」「教育」とだけ書いた3枚にしたほうが、より印象に残りやすいこともある（下図）。ましてやこの場合は、「…によって問題を解決する方法」は3枚とも同じなのでどうしてもこのフレーズを言いたかったら「…によって問題を解決する方法」というKPシートを1枚作って「規制」「技術」「教育」に続くKPとしてレイアウトする方法もある。

また、この言葉は聴き手にとって難しすぎないか、一般的に受け入れられている言葉か、漢字にするか、ひらがなにするか、英語にするか、

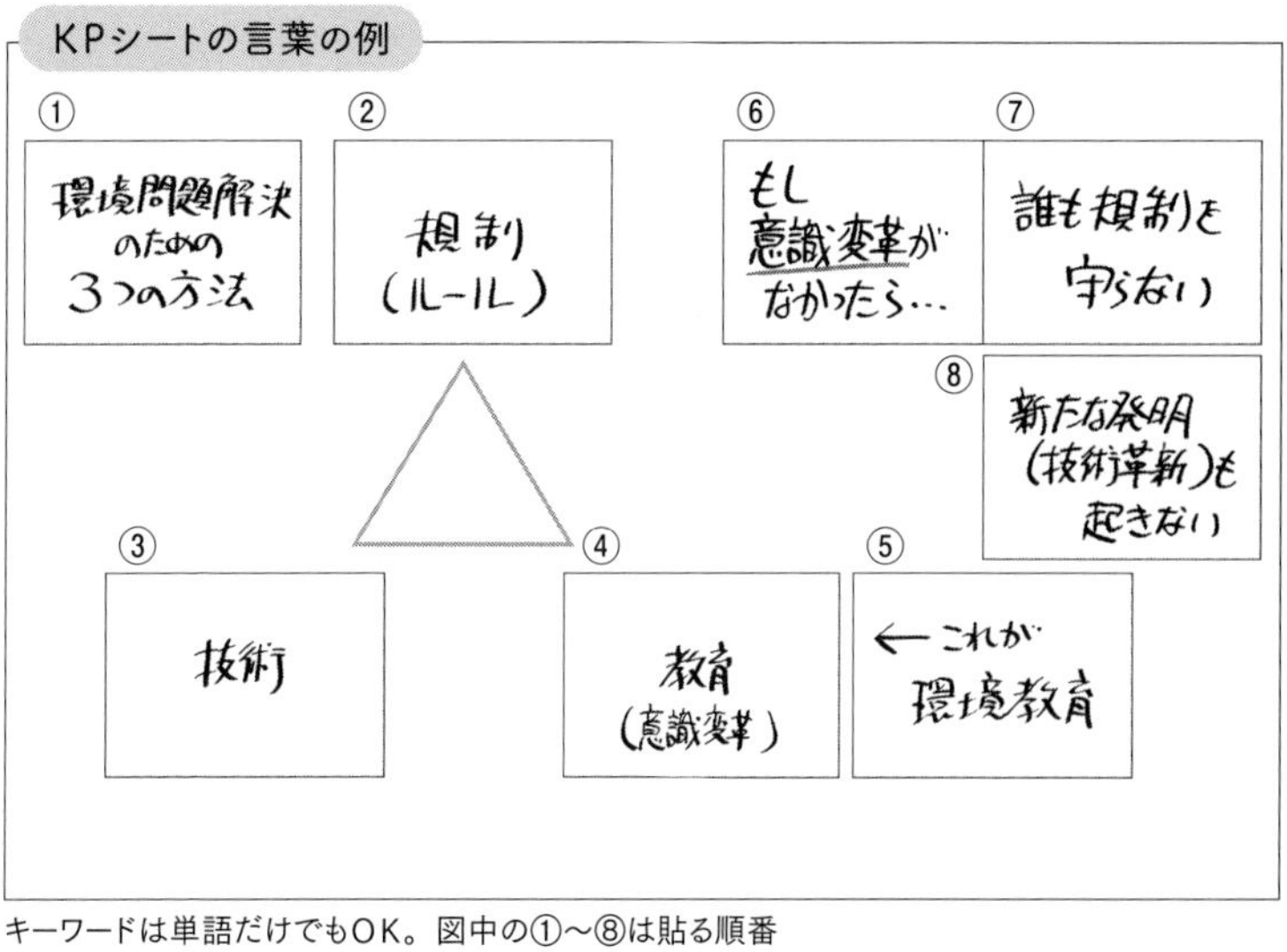
KPシートの言葉の例
①
環境問題解決のための3つの方法
②
規制（ルール）
③
技術
④
教育（意識変革）
⑤
←これが環境教育
⑥
もし意識変革がなかったら…
⑦
誰も規制を守らない
⑧
新たな発明（技術革新）も起きない

キーワードは単語だけでもOK。図中の①～⑧は貼る順番

それともカタカナにするか……、いくつもある選択肢から、最適な表現を選んでいく必要がある。ここでは、正確性よりも、伝わりやすさや印象に残りやすいことを優先させなければならない。

順番を決める

清書する言葉の候補が15個前後（仮にここでは15枚で1セットのKPとしよう）が出来たら、タイトルとする言葉の塊に「1」の番号を付け、その後のストーリーの順番に、○や□で囲んだ言葉にそれぞれ番号を振ってみよう。15前後の番号がついたら、そのKPセットは1セットとして概ね適切な量と判断できる。ここで、1つの○や□で囲まれた文字量と内容が多すぎないかを確認し、多すぎるようだったら、2分割、あるいは3分割できないか検討してみよう。

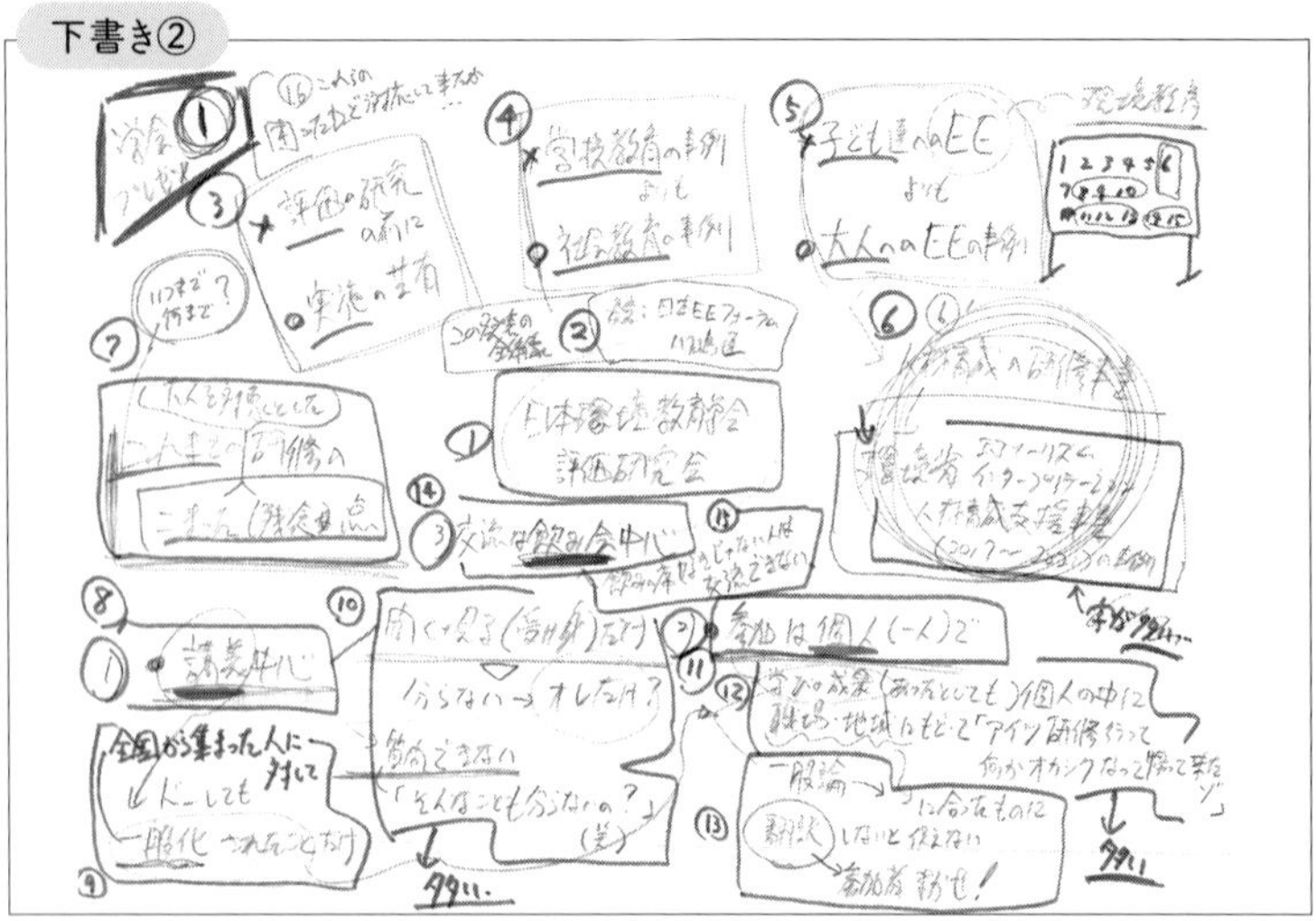

ストーリーの順に①〜⑮の番号を振っていく。図中右上にはレイアウトイメージも

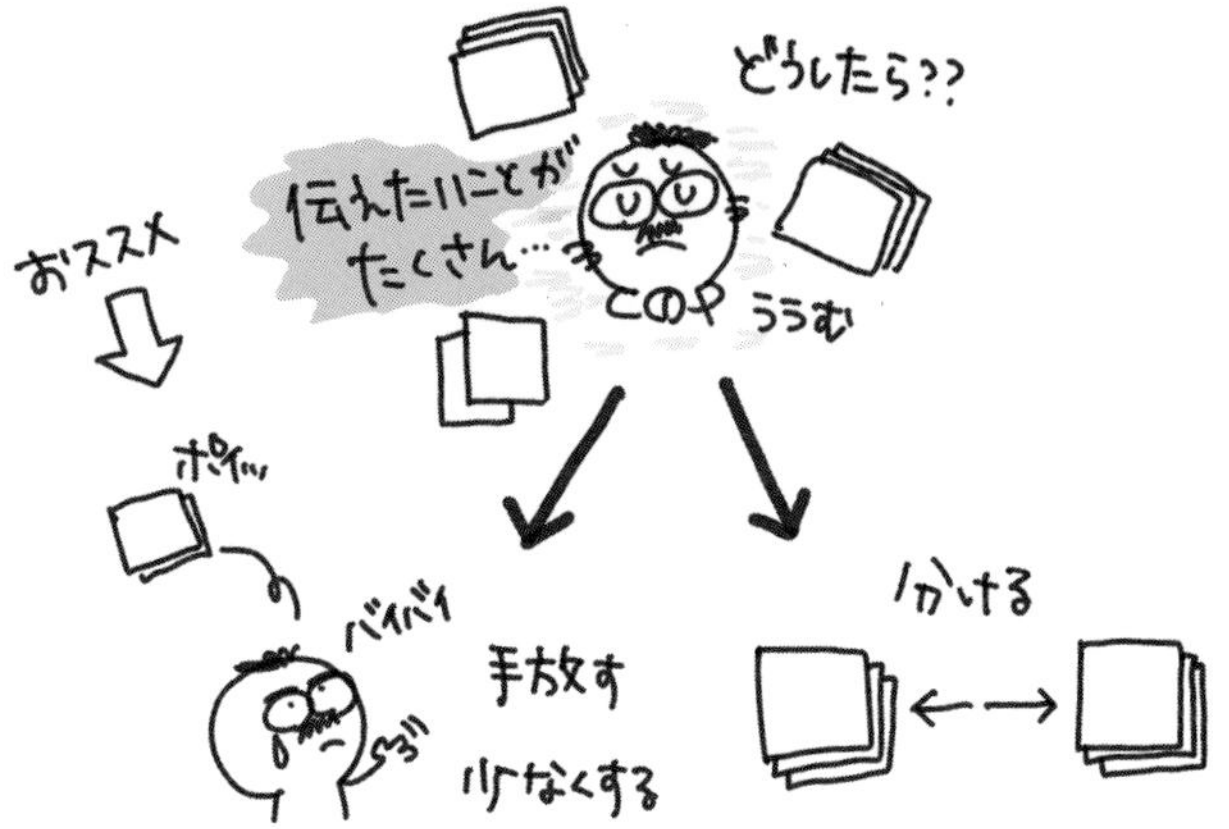

こうした検討の結果、〇で囲んだ言葉の数が20を超えるようだったら、そのセットは多すぎる。再検討が必要だ。修正の方向性としては以下だ。

A．伝える総量を少なくして1セットのKPを再構成する。

B．この20数枚のセットを2分割して2セットのKPとする。

おすすめはAだ。おそらくKP作成に慣れていないうちは、「あれもこれも伝えたい症候群」から抜け出せていない場合が多いだろう。1セットのタイトルについて1セットで説明を終えるようにチャレンジしてみよう。

Bのような方法を取ると、「〇〇とは何か？　その1」「〇〇とは何か？　その2」……と、どんどん増えていく可能性がある。「その1」や「その2」がそれぞれ何を指すのか明確であればこ

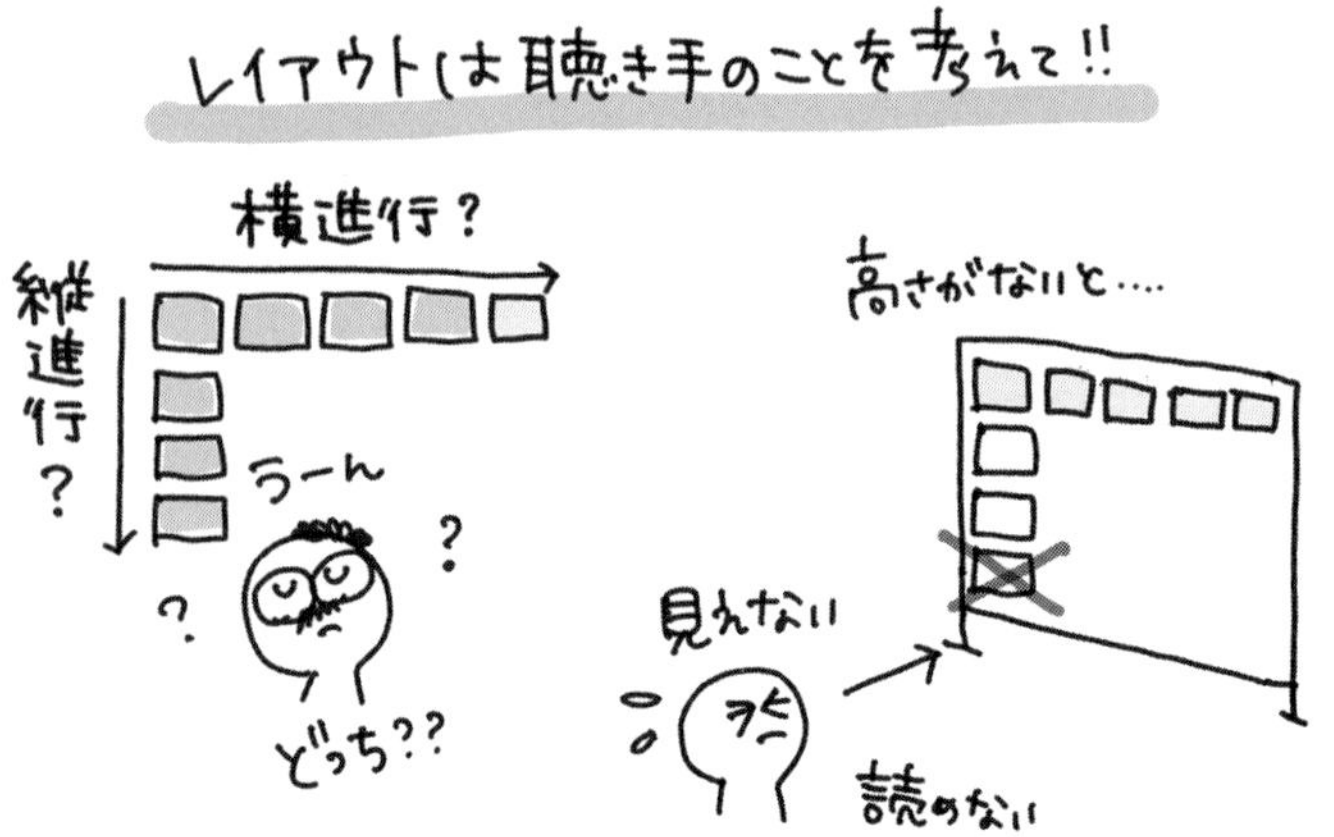
レイアウトは聴き手のことを考えて!!
横進行？
縦進行？
うーん
どっち？？
高さがないと….
見えない
読めない

うした増殖も良いだろう。例えば、まずは「○○とは何か」と総論を書いて、次に「○○が起きたその背景」、「この時代にとっての○○の意味」、「○○の解決に向けて」などのタイトルだけを見ても「流れ」が分かるような作り方は確かにあると思う。その場合には最初に提示する総論の終わりに、「このあと○○の背景、この時代にとっての意味、解決への可能性などについて語ります」というように、このいくつかのKPセットの全体像を伝えておくという方法もある。

レイアウトを決める

次はレイアウトだ。10～20枚未満での言葉の塊の整理が済んだら、このKPセットを横に並べていくか、縦に並べていくかを決める。縦横に何枚貼れるかは使用するホワイトボードや黒

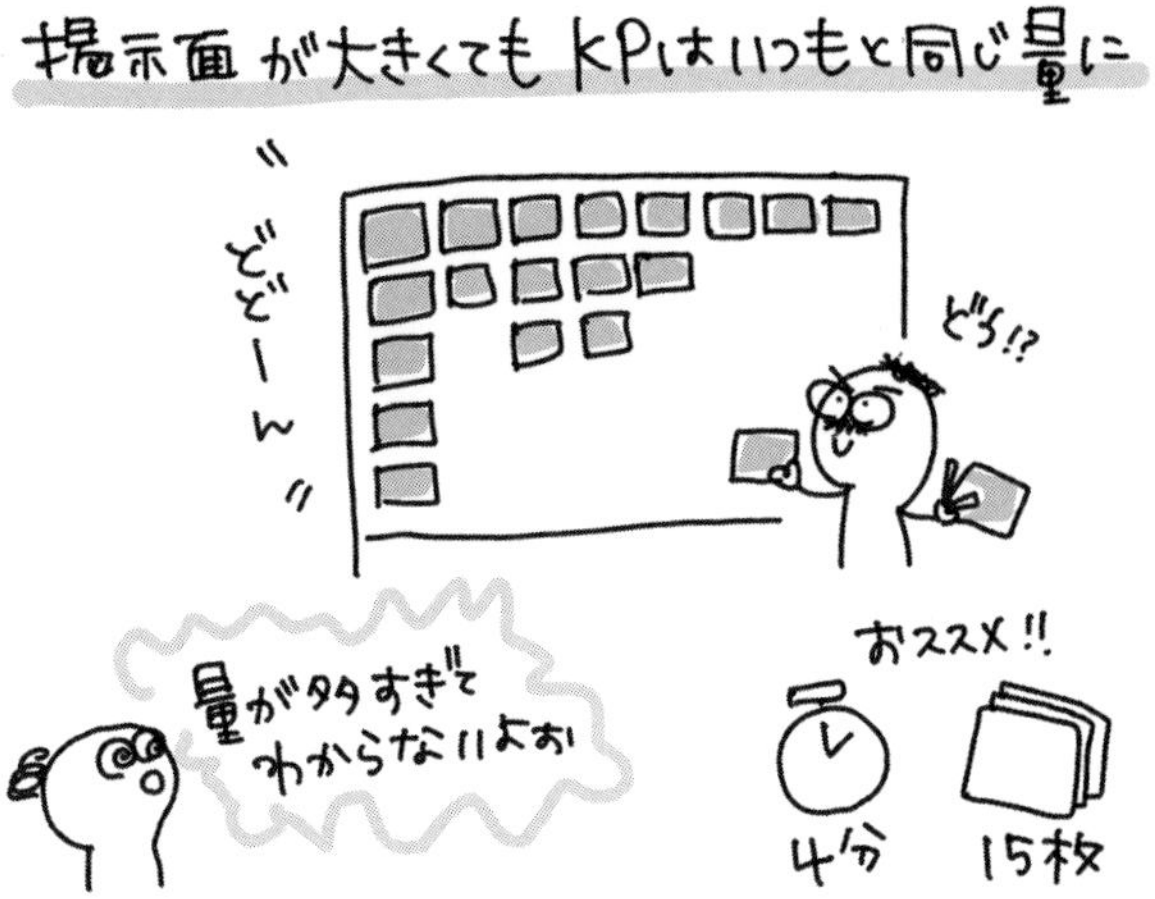
掲示面が大きくてもKPはいつもと同じ量に
どどーん
どう!?
量が多すぎて
わからないよお
おススメ!!
4分
15枚

板などの大きさによって異なるので、自分が使う掲示面の大きさを確認しておこう。

基本的には、幅180センチ×高さ90センチのホワイトボードを使うことが多い。このサイズだと、横にA4用紙が最大6枚、縦に最大4枚貼ることができる。しかし、ホワイトボードの床面と聴衆の椅子がある床面が同じ平面の会場の場合（教壇などホワイトボードの位置を高くする装置がない場合）、縦4枚貼ってしまうと、最下段の4段目は前の人の頭に隠れて読めない（読みにくい）場合が多いので要注意だ。

横の長さは小中学校の黒板などでは先ほどのホワイトボードのほぼ倍の幅のケースが多いようだ。高校や大学になるとさらに幅広の黒板があるし、上下の2段の黒板があるケースも珍しくない。この場合、物理的には20枚でも30枚でも、さらにそれ以上の（A4サイズの）KPセットを貼ることも可能だ。しかし果たしてこれは聴き手側からするとどうなのだろう？　聴き手の集中が続く時間、受け入れられる情報量を考えると、「貼るスペースがあるから」という理由だけでKPの枚数を増やすことには慎重になったほうが、いや、避けたほうが良い。

僕の場合は、貼る面の横の長さが2倍になろうが3倍になろうが、基本は幅180センチ×高さ90センチのレイアウトをそのまま使っている。その基本の形、KP1セット15枚以内（例外的に20枚以内）で、プレゼンテーションをする。時間も1セットは長くても5分を超えないようにしている。この枚数&時間を基本単位として、あとは講義時間に合わせてセット数が増えていく。15枚4分間という枚数&時間の基本単位が、聴き手にとって無理がなく、テンポよく受け入れられる情報量だと経験的に理解しているからだ。

KPの枚数を横5枚（例外的に横6枚）×縦3枚と想定して、セットの内容によってまずは横進行にするか、縦進行にするかを考える。2〜3枚のまとまりが4〜5個あるようなKPセットの場合は縦進行にする。4〜5枚のまとまりが2〜3個あるようなKPセットの場合は横進行にする。横か縦かを決めたら、先ほどの番号を振った言葉の塊を具体的にどうレイアウトするか、別の紙に番号だけでレイアウトを書いてみる。

ミニKPを作ってみる

レイアウトを考える際におすすめの方法が「ミニKP」を使う方法だ。A4サイズの紙を、

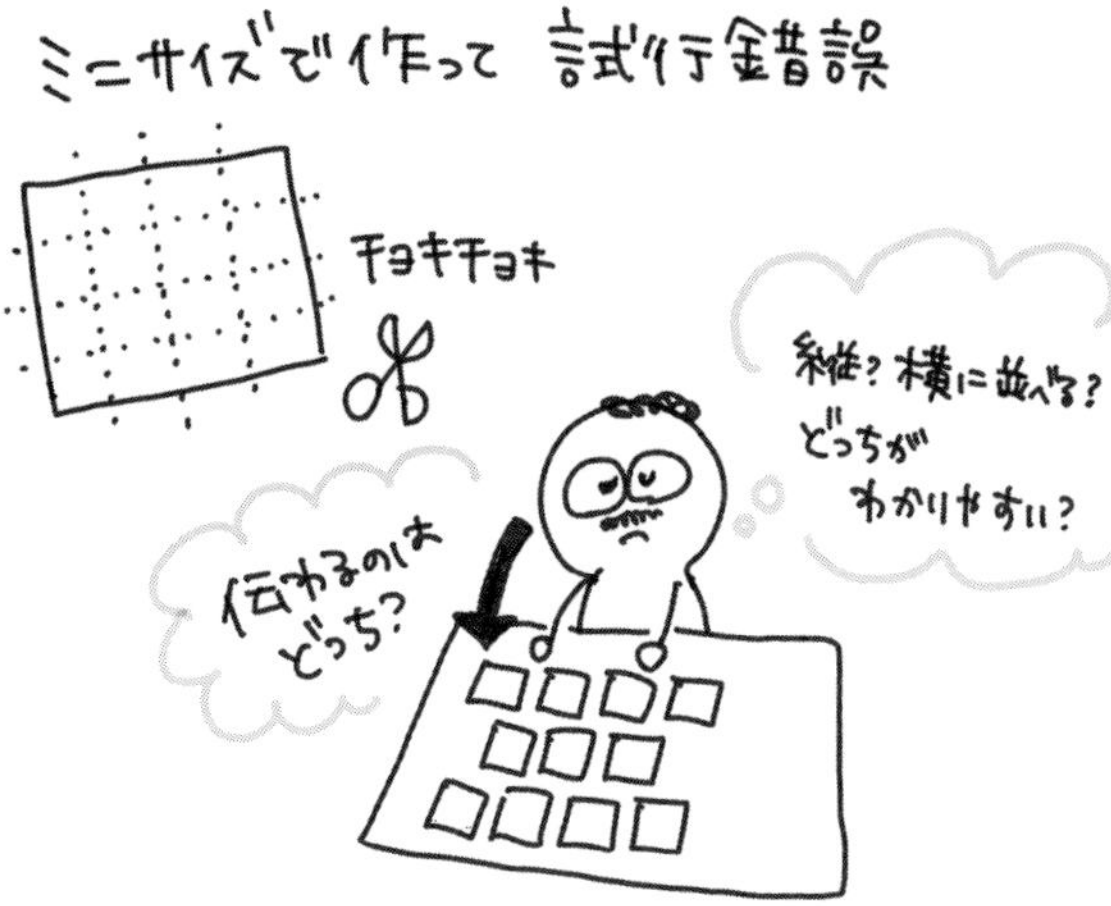

5×4の20枚、あるいは4×4の16枚に切る。この小さい紙を「ミニKP」と呼ぶ。それぞれのミニKPに、ここまで整理した言葉の1枚目から15枚目までを転記する。そして、実際のホワイトボードに貼っていくようなイメージで、ミニKPを並べていく。1枚目はほとんどの場合はホワイトボードの一番左上から始める。そして2枚目はその右に貼っていく横進行にするか、その下に貼っていく縦進行にするか、色々な並べ方をしながら試行錯誤する。

ミニKPの作成は横・縦のレイアウト、進行を見極めるだけではなく、清書前の最後の確認として、この1セットのKPで良いかどうか俯瞰して、総合的な判断ができる機会でもある。タイトルはこれで良いか、構造的にレイアウトできているか、饒舌すぎないか、言葉足らずではないか、足りないKPシートはないか、捨てたほうが良いKPシートはないか、結びはこれで良いか、などをこの段階で判断する。

また、ミニKPを作る時点で文字の色やアンダーラインの色もおおよその目安をつける。自分の色使いは大体決めておくと良い。例えば、タイトルや強調する文字は赤、本文の基本色は青や黒、数字や固有名詞は緑、……といったように。自分のルールを決めておくと、その都度考えなくて良いのでKP作成のスピードアップにつながるだけでなく、聴き手のほうもあなたの使う文字の色の意味がいくつかのKPセットを見るうちに理解でき、見やすく、記憶に残りやすいKPになっていくはずだ。

レイアウトのポイント

仮説として、「人は情報を耳よりも目で認識し記憶する」ものだとする。

この仮説を論証してみよう。例えば、「昨晩、居酒屋で食べたおつまみを言ってください」と問われて、あなただったらどうやって思い出すだろう？　まずはお店の状況を思い浮かべ、その時に自分は何を食べようとしていたかを思い出し……。

事実としては以下の記憶があるはずだ。

・メニューを読んで店員さんに注文した。　↓目（文字）と耳での記憶がある

・運ばれてきたおつまみを見て、食べた。　↓目（映像）と舌での記憶がある

記憶されている情報としておそらく以下の4つが考えられる。

・文字情報（メニューに書いてある文字の記憶）
・音声情報（注文時の自分の声、復唱した店員の声の記憶）
・映像情報（おつまみの実物の記憶）
・味覚情報（食べた時の味の記憶）

さて、どの情報が最も記憶を呼び起こすだろう。おそらく多くの人は映像情報（「絵」としての情報）によって思い出しているのではないだろうか。

15枚のKPシートをただ話す順番に貼り出すだけだと、なかなか記憶に残らない。話されていることが文字化されているという点では親切ではあるが、それはいわゆるテレビ番組やユーチューブ（YouTube）の画面に流れるテロップと大差ない。15枚のKPが意味のある位置にレイアウトされ、15枚全体の画像として記憶されて、初めてインパクトのあるKPとなる。

清書編

道具の準備

何を書くかは下書きで準備ができた。ではいよいよ清書だ。清書用の道具を用意し、本番に使うＫＰシートの作成に取りかかろう。

●用紙

基本的にはＡ４サイズのコピー用紙を使う。僕が保管している約３０００枚のＫＰの90％以上がＡ４のコピー用紙だ。小・中・高校の40人くらいまでの教室の大きさならば、黒板（あるいはホワイトボード）から最後列までの距離は10メートル以内。この距離で読める文字の太さと大きさを基準にしている。そしてその大きさの文字が１枚に20文字程度書ける紙の大きさと考えると「Ａ４」というサイズに行き着く。

実は紙の大きさよりも、遠くから見えやすいために大切なのは、文字の太さと大きさだ。いくら紙を大きくしてもマーカーがそのままだったら文字の太さは全く変わらない。その太さに合わせた大きさの文字を書けば、結局Ａ４サイズの用紙に書いた文字と何も変わらないことになる。線の太さ10ミリ以上の文字を求めるのであれば、手書きは諦めて、パソコンで太いフォ

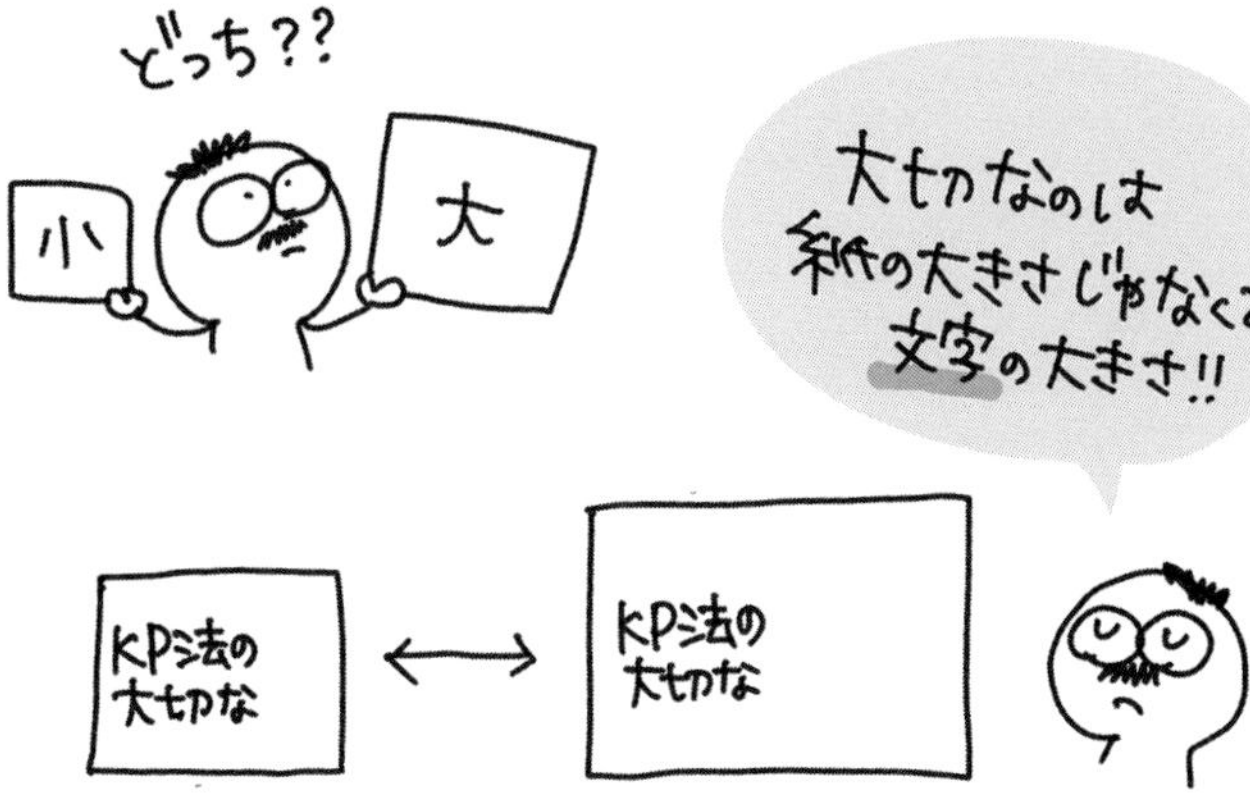

ントを探してプリントしたほうが良いだろう。

また、A4サイズの紙を常用するには他にも理由がある。「保管がしやすい（角2封筒に入れて本棚に立てて保管できる）」、「どこでも手に入る（講演会場で急に数枚書き足したくなった時にA4サイズの紙なら日本中ほぼどこにでもある）」、以上が大きな理由だ。

●マーカー

マーカーは水性のものを使用している。最大の理由は裏写りしないこと、この性質は書くスピードにも影響するので外せない。またインク補充のカートリッジ等が各メーカーから出ているので、字が掠れてきたら何度でもインクを補充して使うことができる。

代表的なマーカーは、uniPROCKEY／プロッキー（三菱鉛筆）、紙用マッキー（ゼブラ）、そして、

インクが補充できるので何度でも使える
水性がおススメ!!
裏写りしない!!
重要!!
書くスピードに影響出る!!
発色GOOD!!
PROCKEY

AQATEC／アクアテック（寺西化学工業）だろう。

僕が最近よく使っているのはアクアテックだ。芯のタッチが柔らかいこと、発色が良いこと、緑色が濃く文字を書く色として使えること（プロッキーの緑は文字色には適さない）だ。ただ難点は、乾きが若干遅いことと、インク補充の手間がプロッキーなどに比べて面倒なこと、そして何よりの難点は町の文房具売場で販売しているところを見たことがないという点だろう。

●付箋

KPを作成している段階から小さな付箋（僕が使っているのは約12ミリ×45ミリ）は活躍する。付箋はKPを持ち運ぶ時にも必要な道具だが、KPセットを清書する時には、小さな付箋をKPセットの1枚目の左上に貼っている。KPのセットを何セットも重ねて作成する際（そして

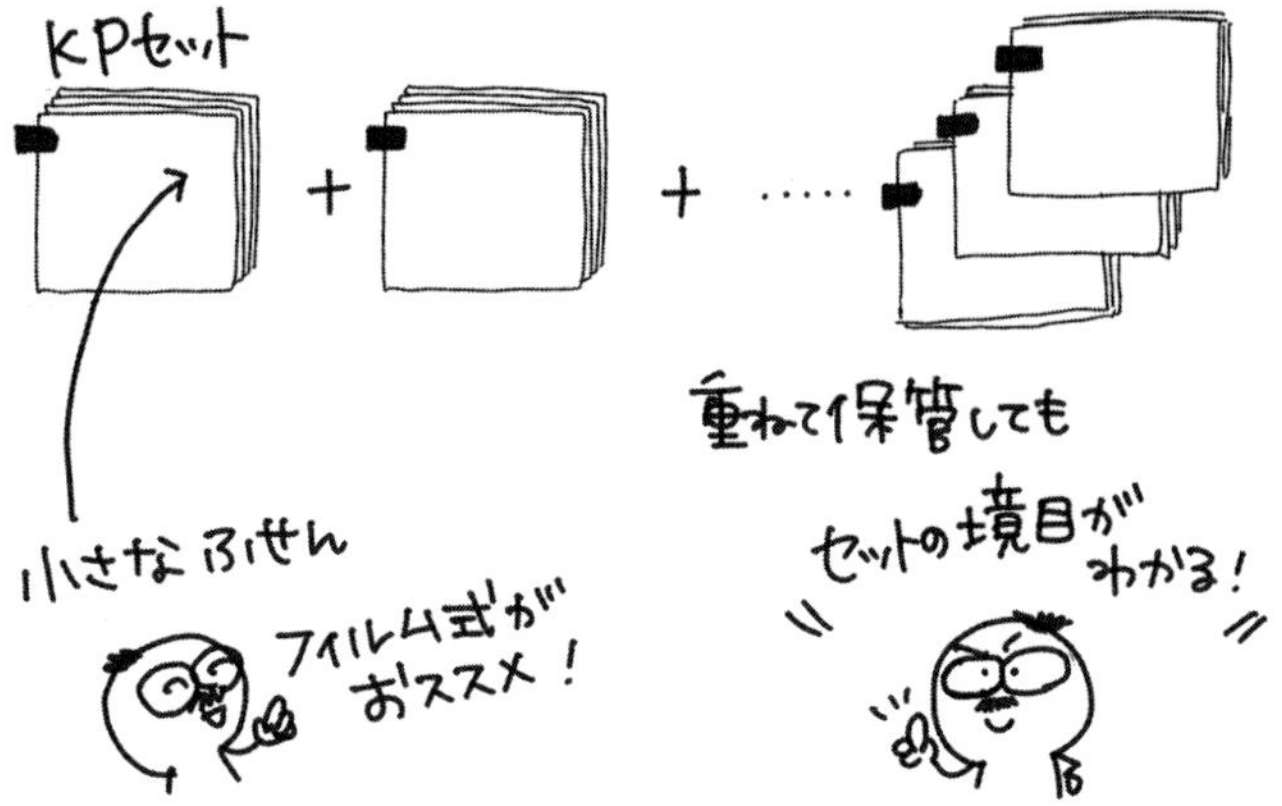
KPセット
小さなふせん
フィルム式がおススメ！
重ねて保管しても
セットの境目がわかる！

持ち運びする際）には、この付箋がセットとセットの境目となって分かりやすい。

紙の付箋でももちろん構わないのだが、紙だと封筒の出し入れ等の酷使に耐えきれず、すぐにボロボロになるため、フィルム付箋のほうがおすすめだ。

●修正テープ

ポスト・イット®カバーアップテープ（スリーエム）はKPシート作成には必須の道具だ。字を書き間違えた時には、このテープがいつも助けてくれる。幅25ミリの白い紙テープの裏に糊がついている。必要な長さを切り（ハサミでも手でも可）、書き間違えた部分に貼る。そしてその白いテープの上にマーカーで訂正した字を書くと、ちょっと離れたところからだとテープを貼ったことなど分からない状態に見える。

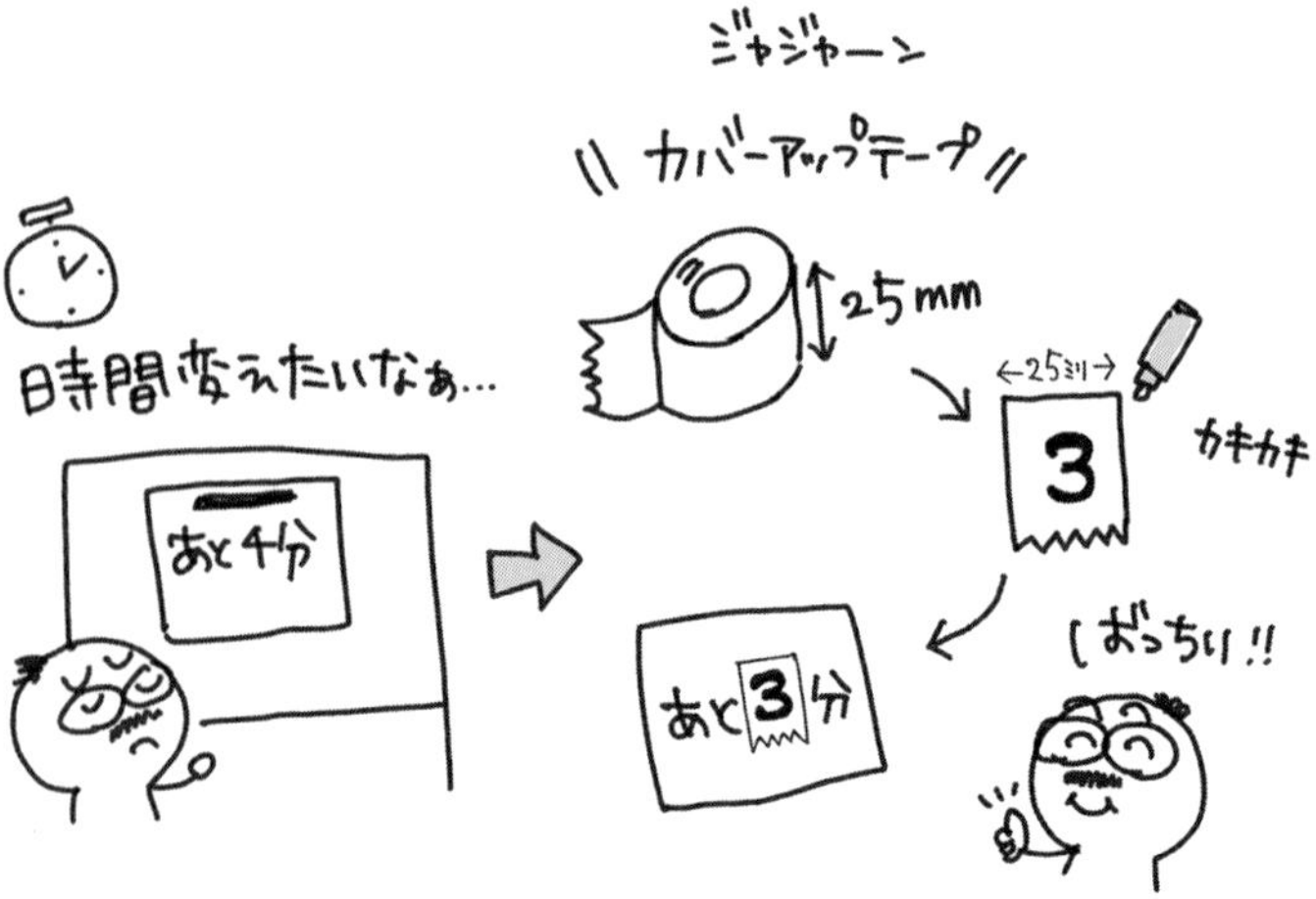

さらに使い勝手が良いのは「あと4分」などと作業指示を書いた定番のKPを使う場合に、状況によって「あと3分」にしたい時には、「4」の上にテープを貼り「3」と書いて使うが、そのテープをはがせば元の「4」で使える。「3」のテープはそのKPシートの裏にでも貼っておけば、状況次第でいつでも何分にでも即座に変更することができる、という優れものだ。

以上が、清書の段階で必要な道具だ。これだけでも、KP法が手軽に始めやすいということがお分かりいただけるだろう。

決まった言葉を再度チェック

ミニKPを作った段階で、それぞれのKPシートに、どんな言葉を書くかはおおよそ決まっているだろう。ただ最終の清書段階で、ミニKP

とは違う表現になるということも結構あるのだ。

僕の場合は以下のようなことをやっている。

書き始める前に、実際に書く言葉を口に出してみる。言葉が冗長ではないか、用紙の大きさに書ききれるか、この時点であらためてチェックして、より短い言葉に変更することもある。単に「短い言葉」というだけではなく、「言いやすい言葉」「リズムのある言葉」「韻を踏んだ言葉」などに書き換える。

また、その言葉が聴き手にとって受け取りやすい言葉かどうかも最終チェックする。いつの間にか自分が「いつも使っている」「言いやすい」「専門的な」言葉になってはいないか、聴き手をもう一度意識しながらチェックしてみる。

最終段階で確認するのは、言葉の短さも、受け取りやすさも、ポイントは聴き手に届くかどうかだ。

字を書く

おすすめのマーカーは先に挙げた通り。もちろん自分が使いやすいものを使えば良い。どのマーカーも、太字と細字が1本の両端にある。太字は全て平芯で、一番広い幅が約6ミリ。太字のほうが丸芯のものはないようだ（僕の知る限り）。平芯だと、握る角度によって縦横のどちらかで太い（細い）線になる。縦を太くすればいわゆる明朝体の文字が書ける。縦横の

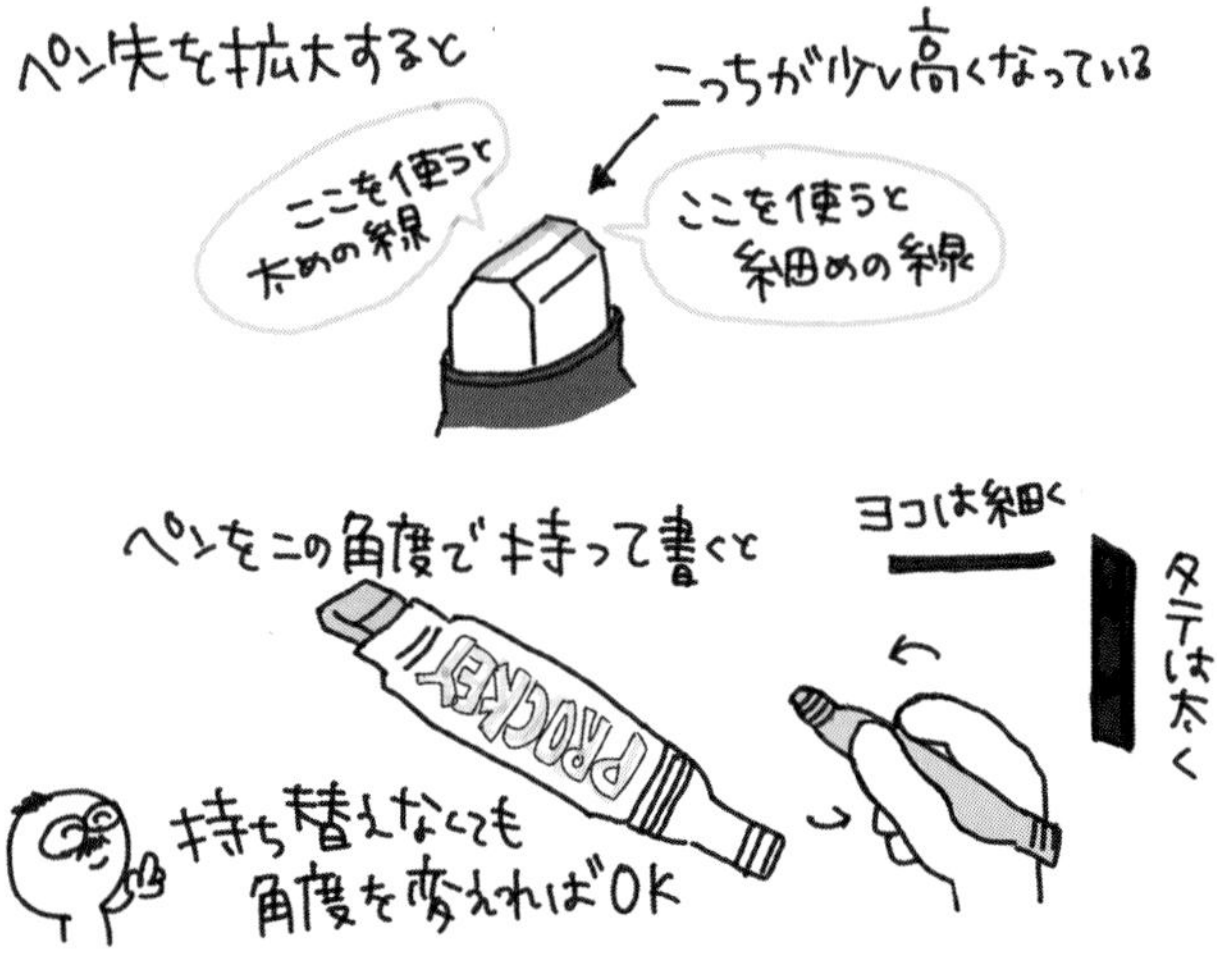
ペン先を拡大すると
こっちが少し高くなっている
ここを使うと太めの線
ここを使うと細めの線
ペンをこの角度で持って書くと
ヨコは細く
タテは太く
持ち替えなくても
角度を変えればOK

線をその都度角度を変えて書けば縦横両方太くすることもできないこともないが、時間がかかるし、悲しいほど下手くそな字になる。

購入直後のマーカーの芯は角が鋭角なため、そのまま書くと細い線は遠くからだと認識できないほど細くなってしまうので要注意だ。細くなりすぎてしまう横線を少し太くするのは簡単だ。握る角度をちょっと変えるだけでいい。握る角度を変えることで、縦＝太い、横＝細すぎない、ベストポイントを見出せるはずだ。

水性マーカーに太い丸芯があれば全てが解決するようにも思えるかもしれないが、この平芯はなかなかの優れものでもある。平芯の先の角を使って書けば、簡単に細い線を書くことができる。いちいちマーカーを持ち替えずに、太い・少し細い・細い線（文字）を書き分けることができるのだ。

マーカーの文字はその他の筆記具とは違った独特な書き方がある。全国でKP法講座をやってきて、数千人のマーカー文字を見てきたが、上手な人は確かにいる。書き慣れているというか、実に読みやすい字を書く。特に太い平芯のほうで書くと、上手い人と下手な人の差が悲しいほど際立つ。まあ結論は「慣れ」なのだろう。

文字の色を決める

文字の色も、基本的に下書き（特にミニKP）時点でおおよそ決めてあるはずだが、清書の時点で最終チェックだ。文字にはあまり多くの色を使わないようにしよう。

基本的な色の使い方としては、文字には黒・青・赤などの濃い色を使う。マーカーのメーカーによっては、緑・茶も濃い発色のものがあり、文字の色として使うこともある。また、アンダーラインにはピンク・橙・水色・黄緑などの薄い色を使う。さらに黄色だが、当然文字色としては全くおすすめできない。だが、黄色を下地に塗って、その上から青や黒で文字を書くと、白地に書くよりも、より文字がはっきり見えたりするので、目立たせる方法として使うことはできる。

文字色に無頓着にKPを作る人は結構いるが、せっかくKPを作って掲示しても、文字色が薄くて読めなければ何の意味もない。文字を濃い色で書く理由はただ一つ「読みやすい文字」にするためだ。お忘れなく。

イラストを使う

ここまで、言葉・文章・フレーズなど、文字による表現の話ばかりしてきたが、ＫＰには、イラストを使った表現も非常に効果的だ。時にイラストは文字表現よりも雄弁で、イメージを伝える力を持っていることがある。上手くなくてもＯＫなので、イラストのほうが伝わりやすいと思ったことについては勇敢に挑戦してほしい。僕のＫＰで、イラストを使ったものを参考までにいくつか挙げておこう。（下図参照）

また、イラストというほどでもないが文字でもない「記号」をうまく使うことで、表現がより豊かになる。最も使いやすい記号は矢印「↓↑→←」だろう。その他にも「＜＞⇔＝≒」など、前後のＫＰの関係を示す時に、こうした記号を使うこともある。ただ、これらの記号だ

イラスト例

イラストは下手でもＯＫ。上手いか下手かより、分かりやすさ重視

けでA4サイズの紙1枚を使うことに違和感があるようだったら、ホワイトボードならマーカーで、黒板ならチョークでこれらの記号を直接書けば良いだろう。KP法と板書のハイブリッドだ。KP法だけに縛られる必要は全くない。

図示も意識する

先に「KP法は文章ではなく絵のようなもの」と書いた。KPのセットは短い文字群であると同時に、文字と文字のレイアウトによって、セット全体で図として見せることもできる。A4用紙、横5枚×縦3枚の合計15枚で表現できる図示にはもちろん限界があるが、全くできないわけではない。

例えば、下図にあるような図解は、実際に僕のKPセットにあるパターンだ。

伝えようとすることを図示することにより、

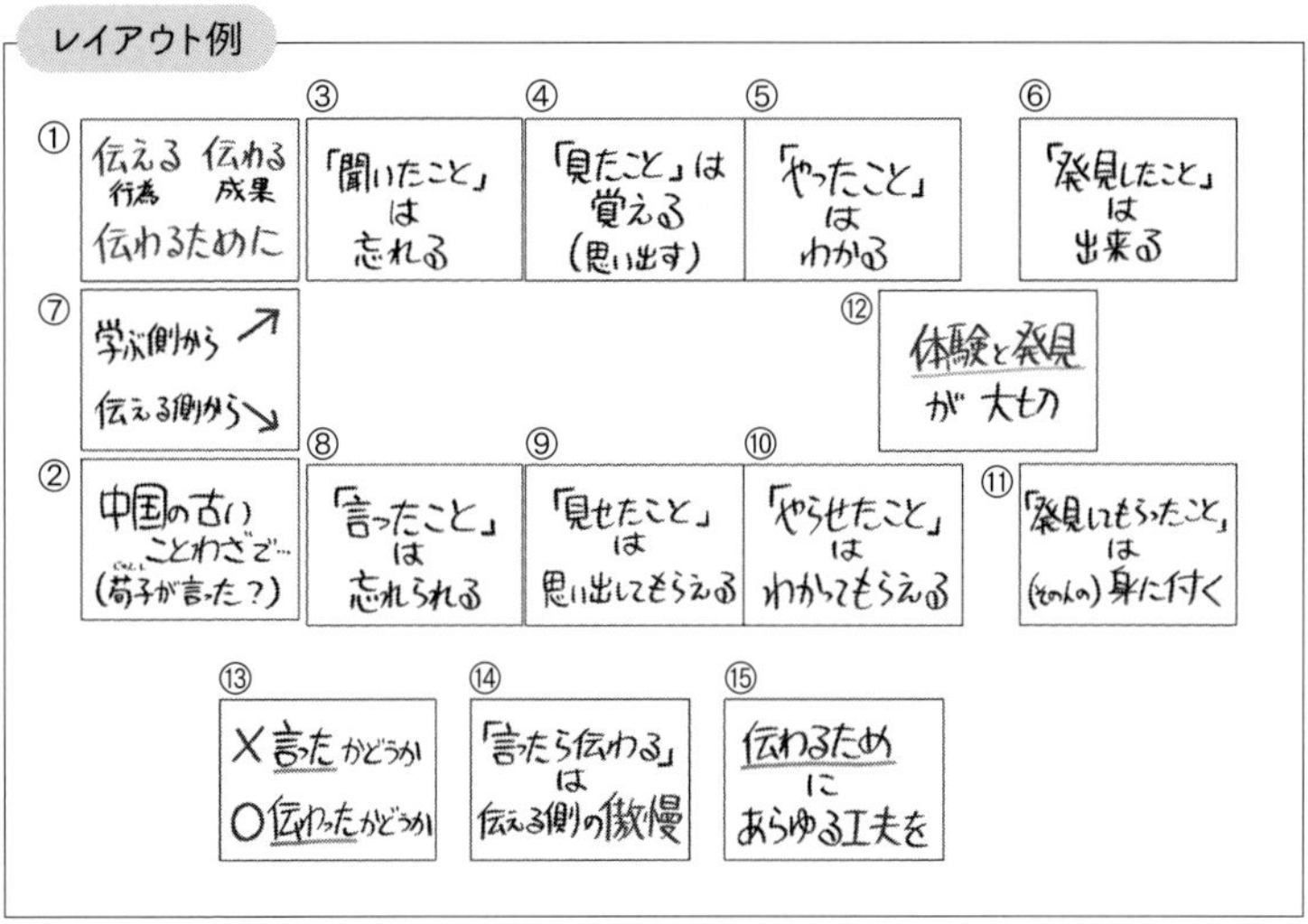

簡単なマトリックスの図解になっている。図中の①～⑮は貼る順番

さらに理解しやすいKP法になる。言葉（KPシート）同士の関係性を図示して、絵として表現することにより、見やすく、理解しやすく、記憶に残りやすいKPセットを目指してほしい。

　さらに図解を積極的に取り入れたいということであれば、A4サイズのKPシートにこだわらず、A5サイズ（A4の2分の1）でKPセットを作ってしまうという方法もある。A5なら、最大で横8枚×縦6枚、合計48枚の用紙を貼ることができる。もちろん48枚全部を貼ってしまっては図にならないので、20数枚でとどめておけば、様々な図解の可能性が、A4でのKPセットより広がる。

　ただし、A5サイズにしたとしても、A4サイズの時と同じ文字の大きさ&太さは維持しなければならない。つまり、「書く文字数を少なくする」ということ。紙の大きさが半分になっ

A5サイズでの構成例

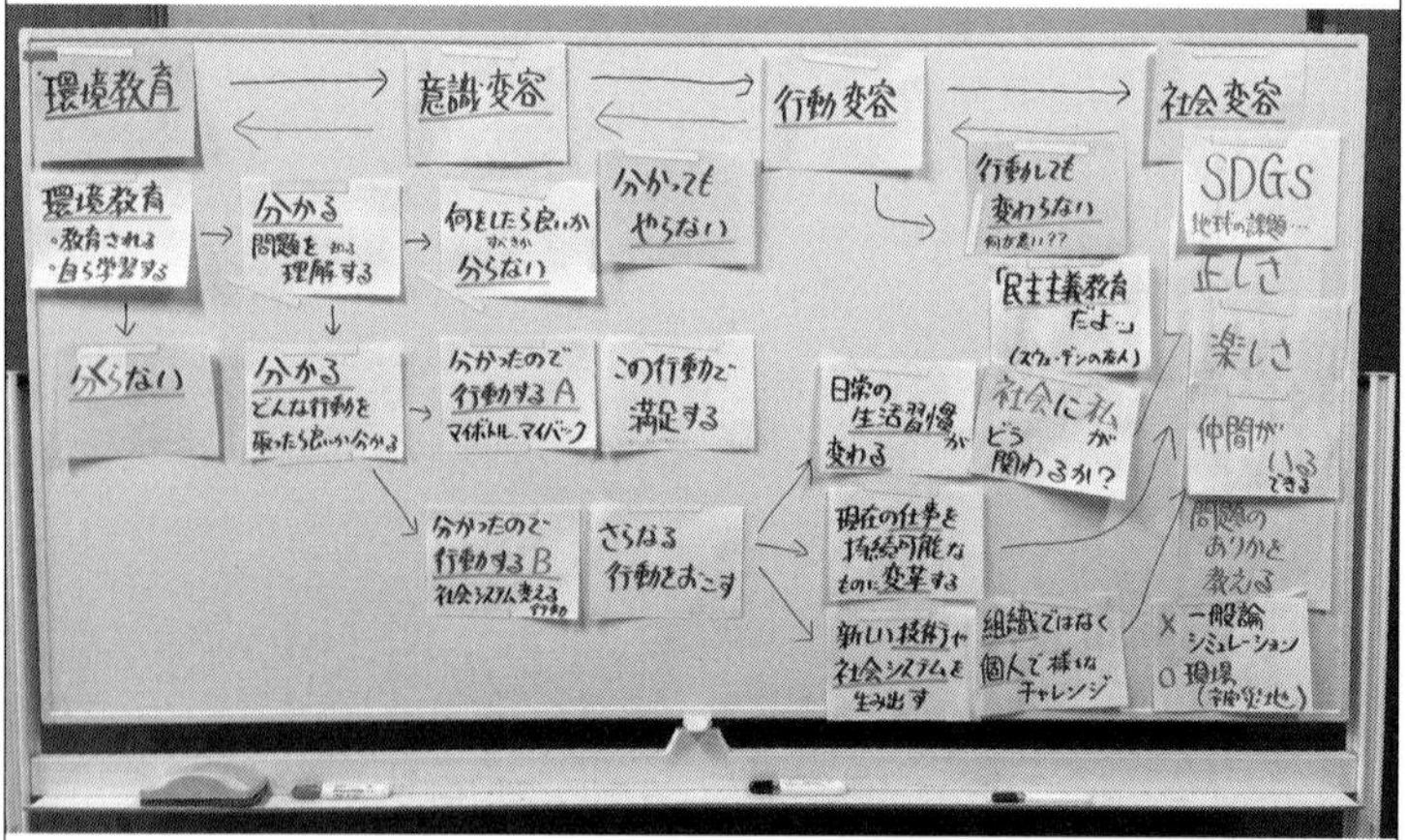

KPセットを貼りながら矢印をホワイトボードに書いている

たからと言って、書く文字の大きさも半分にしてしまっては、結果として「読めないKP」になってしまうから要注意だ。

番外編

複数人でKPを作成する方法

KPは基本的に一人で作ることが多いが、学校の授業でのグループワークの発表用やワークショップなどでは、複数人のチームでKPを作成する場合もある。この場合は、一人でKPを作る場合とはちょっと違ったやり方の工夫がある。

「複数人でKPを作成する」共同作業を要素分解してみよう。

1．アイデア出し（ブレーンストーミング）
2．合意形成（KPの要素出し、下書き）
3．プレゼンテーション（発表）資料作り

大体この3段階の作業をすることになる。

ここでは、複数人で、対面でKPを作成する場合と、オンラインなどで離れた場所でKPを作成する場合とに分けて考えてみよう。

複数人・対面でKPを作る

「対面で複数人でKPを作る」、これは複数人での合意形成を、KPを作ることによって行うものである。人数にもよるが、5人くらいまでだったらA6（A4の4分の1）かその半分の紙にマーカーでキーワードを書き出して机上に並べる方法が最適だろう。机の大きさは5人が囲める直径120〜150センチの円形テーブルが最適だが、そんな大きさのテーブルを普通に用意できる場所はほぼないだろう。一般的な45センチ×180センチの長机を2台並べて、畳1枚の大きさにして使えば良い。机の大きさと紙の大きさ、さらには紙の大きさに合った筆記具の太さは、人数に合わせて考えてほしい。

　思いついたキーワードをとにかく書き出していき（「1枚には1つのことを書く」が唯一のルー

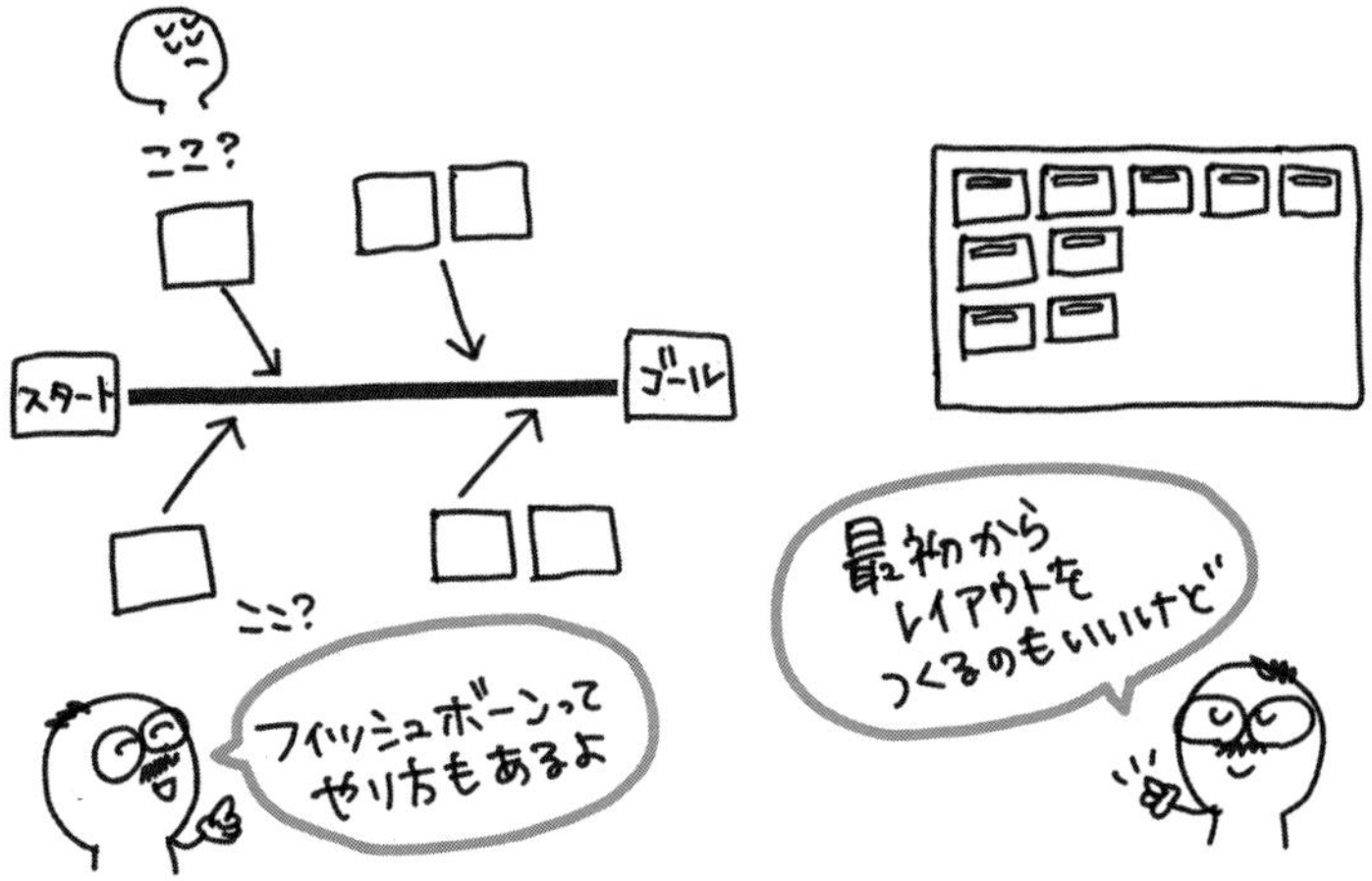

ル）、全体を眺めて、様々な並べ方をしながら、徐々に絞り込んでいく。やり方は色々あると思うので、その時のメンバーがやりやすい方法を取れば良いと思うが、いくつか大事なポイントはある。

まず、書かれた全てのカードを使ってKPセットを作ろうとしないことだ。使うカードを選ぶということは、同時に捨てるカードを選ぶということでもある。逆に言えば、物理的に捨てられるだけの枚数は書いておくほうが良いということ。経験的に言うと15枚のKPセットを仕上げるためには30～40枚は書いておいたほうが良いのではないかと思う。

次にレイアウトについて。最初から横5×縦3のレイアウトイメージを作ることを目指すよりは、まずは180センチの長机を利用して、プレゼンのスタートからゴールまでを1本の線として考えて、大体横一列（所によって複数列）で並べていく方法もおすすめだ。いわゆるフィッシュボーンと呼ばれる思考整理の方法だ。

最後のチェックポイントは、並べた順番に声に出して読んでみて、ひとつながりのストーリーとして聞けるかどうかだ。

下書きが完成したら、発表の条件に合わせた大きさの用紙に清書をする。時間短縮のためには5人で15枚のKPシートを手分けして1人3枚ずつ書くという方法もある。この場合、マーカーの本数（色数）が豊富にない場合は、色への配慮は諦めざるを得ない。それより時間内に完成させることのほうが大事だろう。

複数人・遠隔でKPを作る

●リアルタイムの場合

「距離的に離れた複数人でKPを作る」という作業も合意形成のプロセスだが、対面で行う合意形成と比べてこの作業は遥かに難しい。物理的にカードを動かして考える方法は使えない。対面では机上で簡単に行うことができた、カードを「並べる／グループに分類する／選ぶ／捨てる／並び替える／書き足す」等の作業の一つ一つが、オンラインでとなると、それぞれ非常に面倒で手間がかかる作業になってしまう。時間さえかければできないことはないのだが、頭が展開（回転）していくスピードに作業が追いつくことはまず難しい。

コロナ禍以降の遠隔複数人の合意形成には顔と声はズーム（Zoom）などのウェブ会議システムを使いながら、ブレストや合意形成等の作業にはさらに別のアプリケーションを使用するケースが多いようだ。

オンラインでの複数人でのブレストの方法としては、ズームのホワイトボード機能などがある。また比較的使いやすいのは「ホワイトボードフォックス（Whiteboard Fox）」というウェブサイト上のサービスで、これを使えば、ホワイトボードに複数人が書くという作業がよりリアルにできる。さらに、「グーグルジャムボード（Google Jamboard）」なら、ホワイトボード機能に加えて、参加者全員が次々に付箋を貼れる機能が加わっている。

ブレストから合意形成まではこうした道具が使えそうだが、そのままの流れでKP法の発表

Google Jamboard

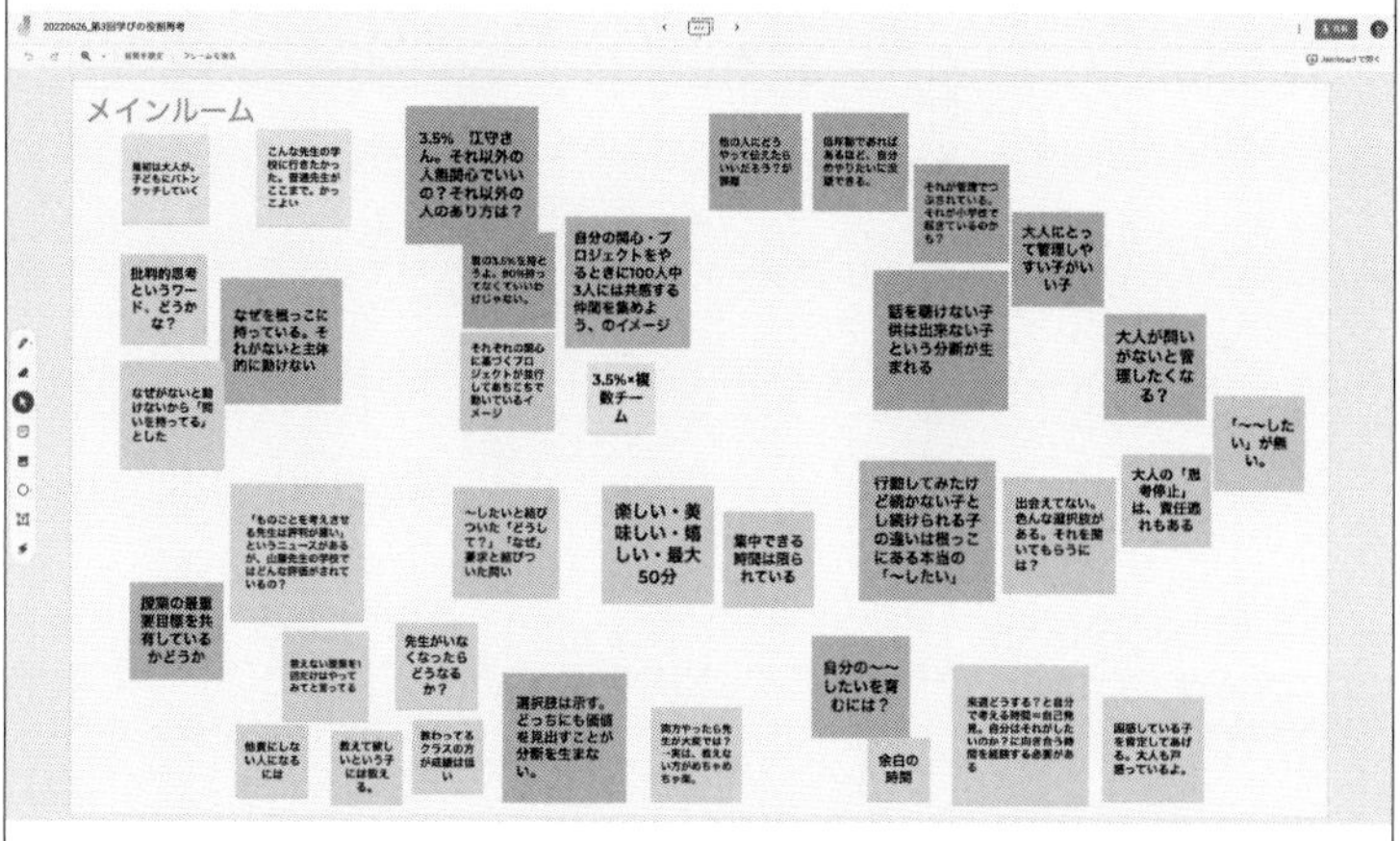

ボード面を「左＝KP候補（15枚）、右＝予備軍（20数枚）」と分けて使うことも

資料を作成するのは難しく、最終的には誰か一人がKP法の発表準備をするということになるだろう。時間が許せば、ここまでで作られたKPを使ったプレゼンテーションを実際にやってみて、修正箇所をお互いに指摘しながら発表の最終確認を行うと良いだろう。

ただ、こうしたオンライン上での複数人での合意形成に使えるアプリケーションは、今後ますます発展していくと思われる。前記は２０２２年12月時点での情報であることをおことわりしておく。

●同時ではない場合

遠隔だが同時ではないタイミングで、複数人でKPを作成するにはどうしたら良いだろう？

中学受験塾の日能研のアドバイザーとして社員研修をしていた時に、ラーニングパートナーと呼ばれる研修生２人組で、共同でKPを作成するということがあった。２人で協力して社員対象の数時間の対面講座の企画・設計・実施を行うのだが、ラーニングパートナーは勤務地が離れている場合がほとんどだった。設計段階で、当日使うKPのラフ案をメール上で交換する必要があり、その時に僕から提案したのは、エクセルなどの表計算ソフトで作ったファイルをメールで送り合ってKP作成の共同作業を行う方法だった。

表計算の１つのセルを１枚のKPシートとして扱い、それぞれのセルを拡大して、その中にKPに書く要素を入れ込んでいった。４時間ほどの講座で実施するKPセットは、手順説明、ミニレクチャーなど合わせて6セットくらいあった。そのセットを遠隔地でもエクセルの表で共有し、何度かメールのキャッチボールをすることで共同作業が成立していた。

詳しくは、日能研スタッフとの共著『社員全員をファシリテーターに 学び合う会社に育てる研修設計 日能研ファシリテーション・トレーナー・トレーニングのすべて』（2019年／みくに出版）を見ていただきたい。

講演会場でKPを作る

ここまで、時間をかけて作るKP法について書いてきたが、KP法は道具さえあれば、思いついたその時に作ることもできる方法でもある。

過去に幾度となく、会場で、話をする直前にKPを作ってきたことがある。最も多いのは、手順の説明に使うKPの直前変更だ。参加者の

エクセルの表でKPシート

人新世（じんしんせい）の時代	有限な地球の 資源を使って	無限の成長を 求める人類	ありえないこと	成長＝善 成長＝幸せ	成長は 主に経済成長
私達は どんな未来を 目指すのか？	子孫に どんな未来を 手渡すのか？	文明論 倫理 哲学	何を手にしたときに 豊かさを感じるか	何を手にしたときに 幸せを感じるか	
環境教育の ベースで 大切なこと	勿論 毎回そのことを 語るのではない				

1つのセルを1枚のKPシートと考え、大体のレイアウトも提案できる

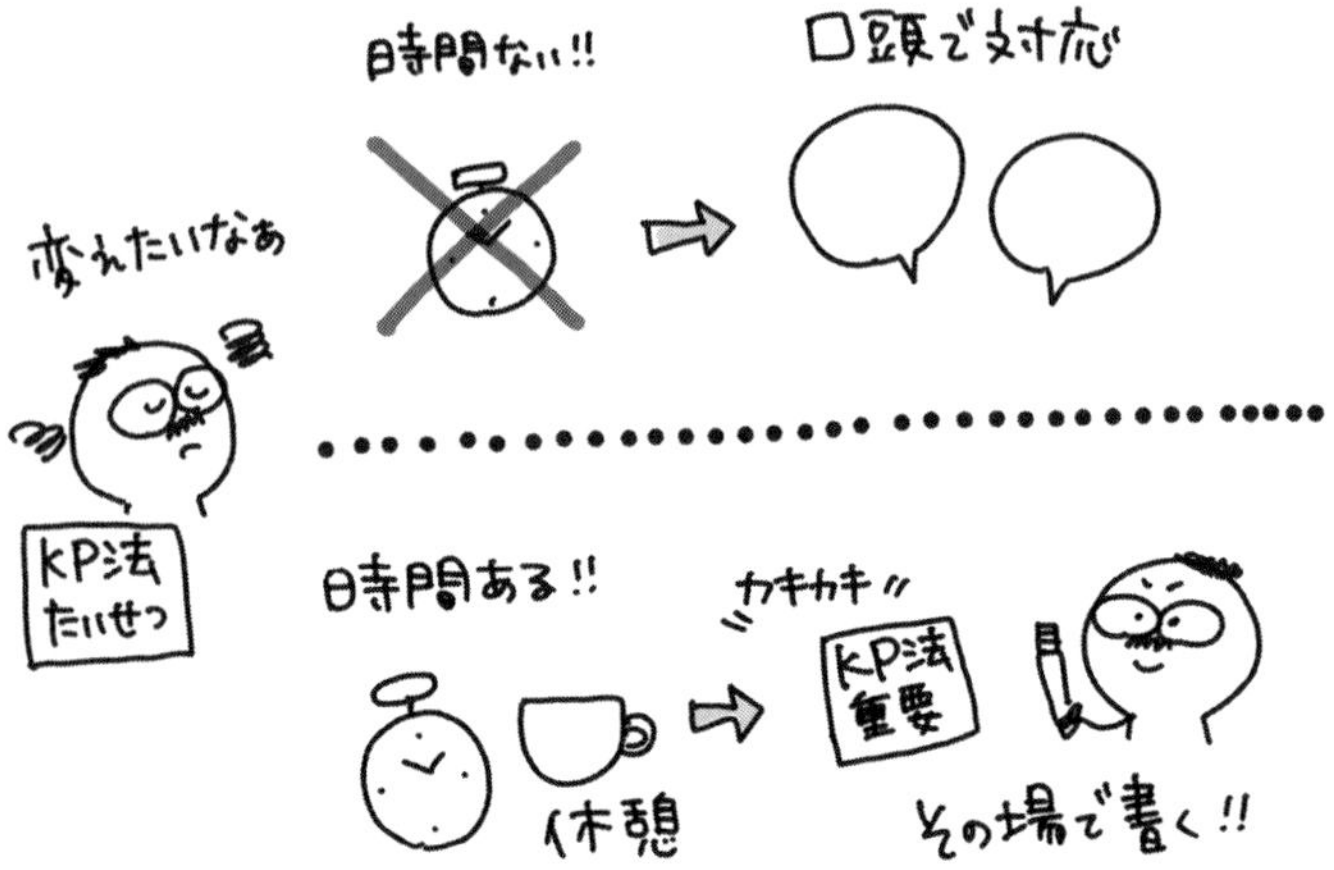

様子を見ていて、あらかじめ用意していた「手順」ではうまく行かない、あるいは変更したほうがより効果が高いと判断することがある。そうした場合には、即座に「加筆／削除／書き直し／差し替え」等を行う。

手順説明のKPだけではなく、「○○とは」というタイトルから始まるような概念説明系のKPであっても、当日の聴衆の様子次第で「付け足したい」「削除したい」「言い換えたい」言葉が出てきた時には躊躇なく変更する。こうしたひらめきがあっても、多くの場合はKPの変更までできず、口頭での変更で済ましてしまう（済まさざるを得ない）場合のほうが多いのだが、ちょうど休憩時間があるとか、聴衆同士の話し合いのちょっとした時間（PKT等）があるとか、そうした空いた時間があった場合は、大急ぎで修正KPを作成する。そのためにも、裏紙

（あるいは白紙）の予備とマーカーの基本色（3色くらい）はいつも持参するようにしている。直前にひらめいて作ったKPは、その時の聴衆のためのジャストオーダーメイドなので、聴き手に合わないわけがないのだ。

練習編

上達のためには練習を

言うまでもないことだが、世の中に、練習もしないで上手になることなんてありはしない。KP法の講座を各地で開催していると、「上手くなるコツってありますか？」という質問を受けることがあるが、KP法をやるのに大事なことは講座で一通りお伝えしているわけで、ラクして簡単に上手くなる方法なんてない。何だってそうだろう。何回も何回も繰り返しやって、褒められたり貶されたりしながら、試行錯誤しながら、だんだん上達するものでしょう。KP法だって同じだ。

ただ、「より効果的な練習の仕方」はあるように思える。練習台にちょうど良い素材を二つ紹介しよう。

新聞の社説をKPにする

「朝日新聞」の「天声人語」などの新聞のコラムをKP法にしてみることをおすすめしていたこともあったが、最近では、より論理的な文章である「社説」のほうがKP法による思考整理の練習向きと、心を改めた。「天声人語」のような読み手によって様々に受け取ることができる、多少情緒的な文章も練習台として決して悪くはないのだが、「社説」のほうがより論点が整理されているので、練習台としては適切だろう。文章のポイントを掴む練習に新聞の社説を要約してみるというのはよく聞く話だが、それに近い。キーワードを書き出して、関係性を考えながら並び替えて、構造を確認していくという作業だ。

もちろん、KPを作って思考の整理ができたら、作ったKPでプレゼンの練習もしてみると良い。新聞の社説を使うことで、友人の何人かと同時に同じ教材（社説）を使ってKP法を作成してみて、可能ならそれを動画に撮影して動画を共有することによって、相互フィードバックし合うという、オンラインでの練習の機会も持てるだろう。

自己紹介をKPにする

自己紹介は最も作りやすいKP法の題材の一つだろう。時系列で作成してもいいし、テーマで切ってみてもいい。色々な自分の「整理」の仕方ができるだろう。作ってみることで「自分を知る（再確認する）」ことにもつながるかもしれない。また、自己紹介KPを作っておけば、いつか役に立つ（使える）場面がきっとやってくるので、その時になって慌てないように「自己紹介スタンダード版」を用意しておくのはおすすめだ。また、その時の聴き手に合わせてカスタマイズすることで、十分に準備された自己紹介を即座に用意することができるだろう。

自己紹介KPは、色々な人のものを見ると良い。きっと色々な気付きがあるだろう。他人の自己紹介KPを見る時のポイントは、「中味に入りすぎない」ということだ。「そんな経験してるんだ」「そこは僕と似ているな」と感心している場合じゃない。もう少し俯瞰的に見る練習をしよう。彼（彼女）は何にフォーカスして自己紹介をしているか？ 何を取り上げていて、何には全く触れずにいるか？ そんなことを考えながら見てみよう。また、KP法としての表現の工夫にも注目してみよう。一つか二つ、真似できそうなアイデアがあるかもしれない。

いずれにしても、数分間の自己紹介であなたの数十年を表現することなんてできやしない。何かに焦点を当てて、それ以外のことはほとんどカットせざるを得ないはずだ。あれもこれも伝えようと、文字を小さくして「暴力的な行為」にならないように。

この自己紹介KPも、社説KPと同じように、友人とKPの動画を共有してお互いにフィードバックし合うと良いだろう。さらに、できることならあなたを知らない誰かに見てもらって「分かりやすかった？／分かりにくかった？」「違和感を持ったところがなかったか？」などを指摘してもらうことができれば、なお良いだろう。

コラム3 実はデジタルも好き

ＫＰ法というアナログなコミュニケーション手法に（コロナ禍でオンラインが中心になっても）こだわっている川嶋直は、根っからのデジタル嫌いなのでは？と思っている方も結構多いのかもしれない。が、実は結構デジタル好きなのだ。

1990年代からNEC PC-9800シリーズのパソコンに触れ、'96年頃には携帯電話に繋いでテキストだけ通信するパソコン通信を移動中の特急列車の中で行い、2017年からはZoomの有料会員だ。

交換した名刺は全てスキャンしてデータベース化。あふれる会議資料などもドキュメントスキャナでデジタル化して、書類は片っ端から廃棄している。僕のデジタルデバイスはmac book + iPad + iPhoneの３種。ネット検索できる情報までは収集しないが、名刺のように個人的に繋がった情報はいつでも取り出せるようにデジタル化している。

個別に繋がっている人に紐づく情報は、ネット上にある情報とは全く別物だ。「◯◯についてはこの人に聞く」と僕が勝手に信頼し、密かに命名しているコンシェルジュも結構多い。このコンシェルジュ名簿の年齢がどんどん若く更新されていることが最近なによりも嬉しい。若い人に教えてもらうことは本当に気持ちが良い。

第4章

KP法の話し方

ＫＰ作成の段階で、思考、そしてプレゼンテーションの内容はおおよそ整理された。ではこれをもとに「対話が生まれる」プレゼンテーションはどうやったらできるのか？　聴き手とコミュニケーションをとりながら、ＫＰを見せ、話をする。聴き手の反応を見ながらホワイトボード上のＫＰシートを動かすことは、まるで聴き手と一緒に思考を整理しているような感覚だ。聴き手の「分かった！」の瞬間を見られるかどうか、それは「話し方」にもかかっている。

プレゼン編

道具の準備

「話し方」の前に、ＫＰ法でプレゼンテーションをする時の必須アイテムについて説明しておかなければならない。清書編で作ったＫＰシートを「貼る」ための道具たちだ。

●マグネット

ＫＰ法のプレゼンテーション時における最も重要な道具の一つとして「マグネット」がある。

ＫＰ法を初めて見る人の何割かは、ＫＰシートの裏にマグネットがあらかじめ貼り付けられて

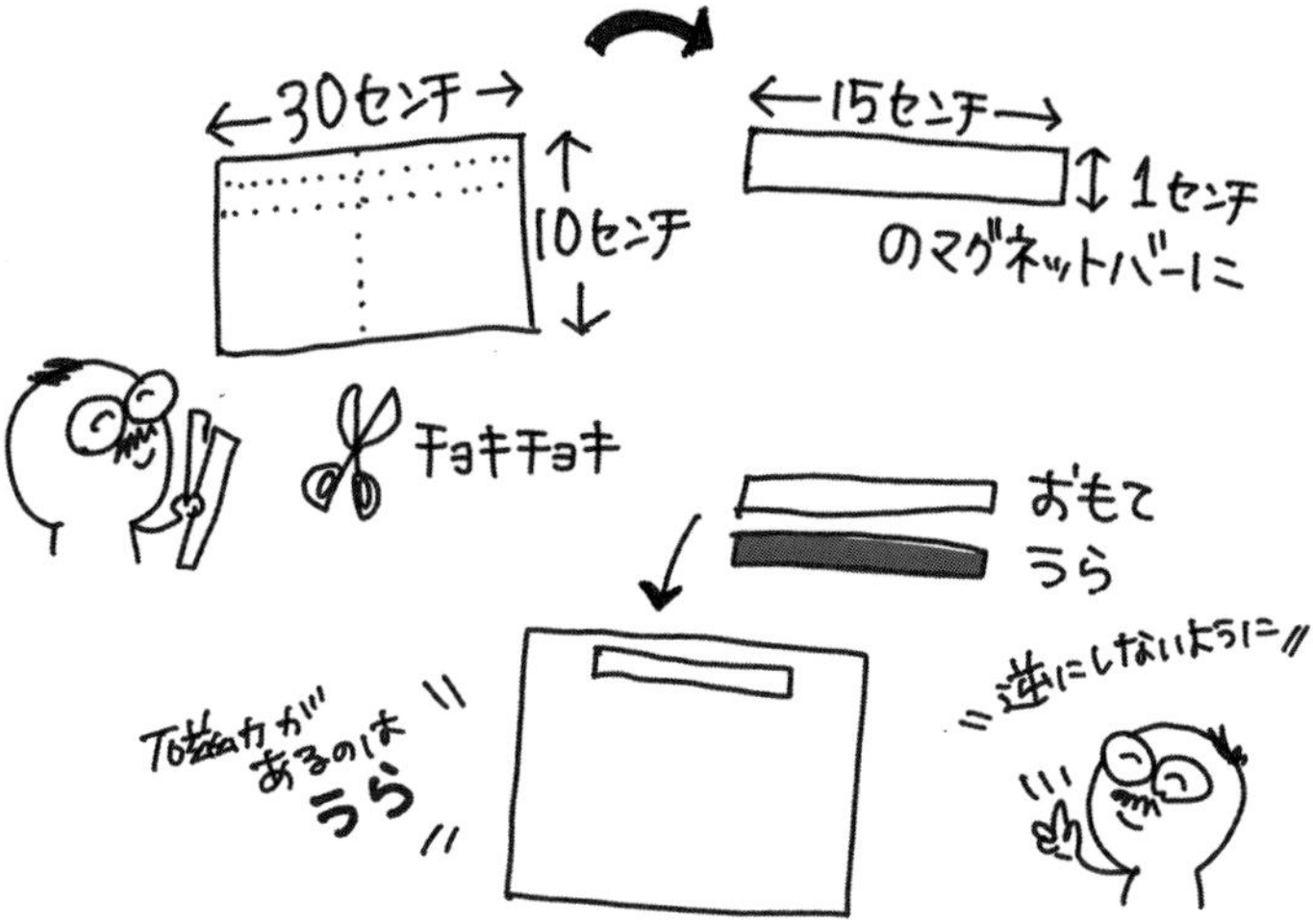

あると誤解する。あまりに手際よく貼り、はがすから、そんなふうに見えるのだろう。そんなことをしていたら、僕の自宅にある約３０００枚のＫＰシートに対して３０００本のマグネットが必要で、マグネットの厚さだけで３メートルにも達してしまう。マグネットはＫＰ１セット分（最大でも20本）だけ用意すればＯＫだ。

そのマグネットは自分で作成している、というか作成するしかない。10センチ×30センチのマグネットのシートを用意して、まずは長辺を半分にして15センチ×10センチにする。次に10センチを10等分（幅1センチ）か8等分（幅1.25センチ）に切る。これで、ＫＰ法用のマグネットは完成する。マグネットシートは100円ショップで売っている、厚さ1ミリ程度のものが使いやすい。

多くのマグネットは表面が白、裏面が黒のもので、磁力があるのは裏面の黒いほうだ。プレゼンテーション時にはマグネットの向きを揃えて手で持ち、磁力のある面がKPの紙を経て掲示面（ホワイトボードや黒板）に貼り付くようにする。当たり前だが裏表を逆にしてしまうと掲示面には付かない。裏表両面に磁力のあるマグネットもあり、こちらは両面とも白い場合が多い。この両面マグネットだと表裏を揃える必要がないので、KP法初心者には向いている。ただし、磁力が若干弱いのが玉にキズだ。

市販のホワイトボード用のマグネットバーももちろん使えるが、かさばること、重いこと、スピード感を持ってKPを貼ることができないことなどの理由から、僕は使わない。また、小さな円形のマグネットだと、棒状のマグネットと違ってKPシートの上部の左右の端がだらんと垂れてしまうことや、やはりスピーディーに貼りはがしができないことなどから、こちらもKPには向いていない。自作のマグネットを超えるものには今のところお目にかかったことがない。

●ホワイトボードや黒板

掲示板としてのホワイトボードや黒板は、「道具」とは言っても、持ち運べるものではない。会場（講堂、教室、会議室など）に備え付けのものを使うしかない。最もオーソドックスなホワイトボードのサイズ（幅180センチ×高さ90センチ）に合わせて、僕のKPはそのほとんどがA4サイズの用紙で、レイアウトも横5～6枚、縦3枚（例外的に4枚）で作っている。

ホワイトボードはKPが動かせる！
動かしにくいものもある
すーっ!!
バンッ!!
ちょうどよい位置へ
まずは真ん中に

会場にあるホワイトボードが幅150センチなど通常よりも小さい場合、紙を小さくするなどして対応しなければならない。聴衆が少なく、実施するKPのセット数が2～3つまでだったら、B5あるいはA5の少し小さい紙に書き直す（あるいは、A4のKPをスキャンして縮小カラー印刷する）こともできる。幅の狭いホワイトボードでも2台あれば、幅が180センチ以上になるように並べて使えばいいだろう。

　学校の場合はほとんどが黒板だ（まれに教室にホワイトボードが備え付けであるところもあるが）。その幅は狭くても240センチで、180センチホワイトボードの2～3倍の幅があるものも普通だし、大学の大教室になると上下に2段の黒板も珍しくない。

　ところで、ご存知の方は少ないと思うが、ホワイトボードには2種類ある。ホーロー製と、スチール製だ。見た目では分からないが、マグネットを使ってKPシートを貼り、ホワイトボード面を滑らせればすぐにホーロー製かスチール製かは分かる。滑りの良いのがホーロー製で、ほぼ滑らないのがスチール製だ。僕はKPを貼る時によくKPシートを滑らせる。ホワイトボードのまだ貼っていない空間のほぼ真ん中に「バンッ！」と勢いよく貼り、そして定位置にスーッと滑らせる。最初から定位置に貼るよりは遥かにパンチの効いた瞬間が作り出せる。音でごまかすプレゼンテーションなんてどうなのかとも思うが、これも「貼る／話す」リズムであると同時に、「見る／聴く」リズムでもあるのだ。

黒板ではこの「バンッ！　スーッ」はできない。黒板は絶対に滑らない。黒板の場合には、KPを貼る瞬間の音は諦め…いや、僕は諦めていなかった。貼る瞬間、なんと！　足で教壇をバンッ！と踏んで、リズムを取っているのであった。どんだけリズムが好きなんだ？

●指のスベリ止め

僕はもう、指のスベリ止め無しではKP法は全くできない。情けないかな、指が乾いて紙がめくれないのだ。加齢現象だから仕方がない。若い方には理解できないと思うが、KP使いにとって指の乾きは本当に深刻な問題なのだ。そこで様々なスベリ止めの方法を試した。

まずは「ゴム製の指サック」だ。指のスベリ止めと言えば、これが一番メジャーなアイテムではないだろうか。これまで数種類購入したが、どれも使い勝手が良くない。指が止血されて

しまうのではないかというほどの締め付けがあったり、滑ってほしい指の部分までゴムで覆われたりと使いづらい。その都度サックを着けたり取ったりでは面倒だ。

続いては、指先に付ける「スベリ止めクリーム」。これも何種類も試した。ゴム製の指サックのように締め付けもないし、指そのものが滑らないようになるので良いのだが、使っているうちにだんだん乾いてくる。最悪なのはクリームを塗った指を舐めてしまう時だ。これ以上は書けない。

そして、現状で辿り着いた最強の道具がこれ、「スベリ止めシール」だ。直径15ミリほどの円形シールで、商品名「ペララ サークル」（カズキ高分子）というものだ。KPシートをホワイトボードに貼るほうの、左手の親指と人差し指の、紙をつまむ部分に1枚ずつ貼って使う。

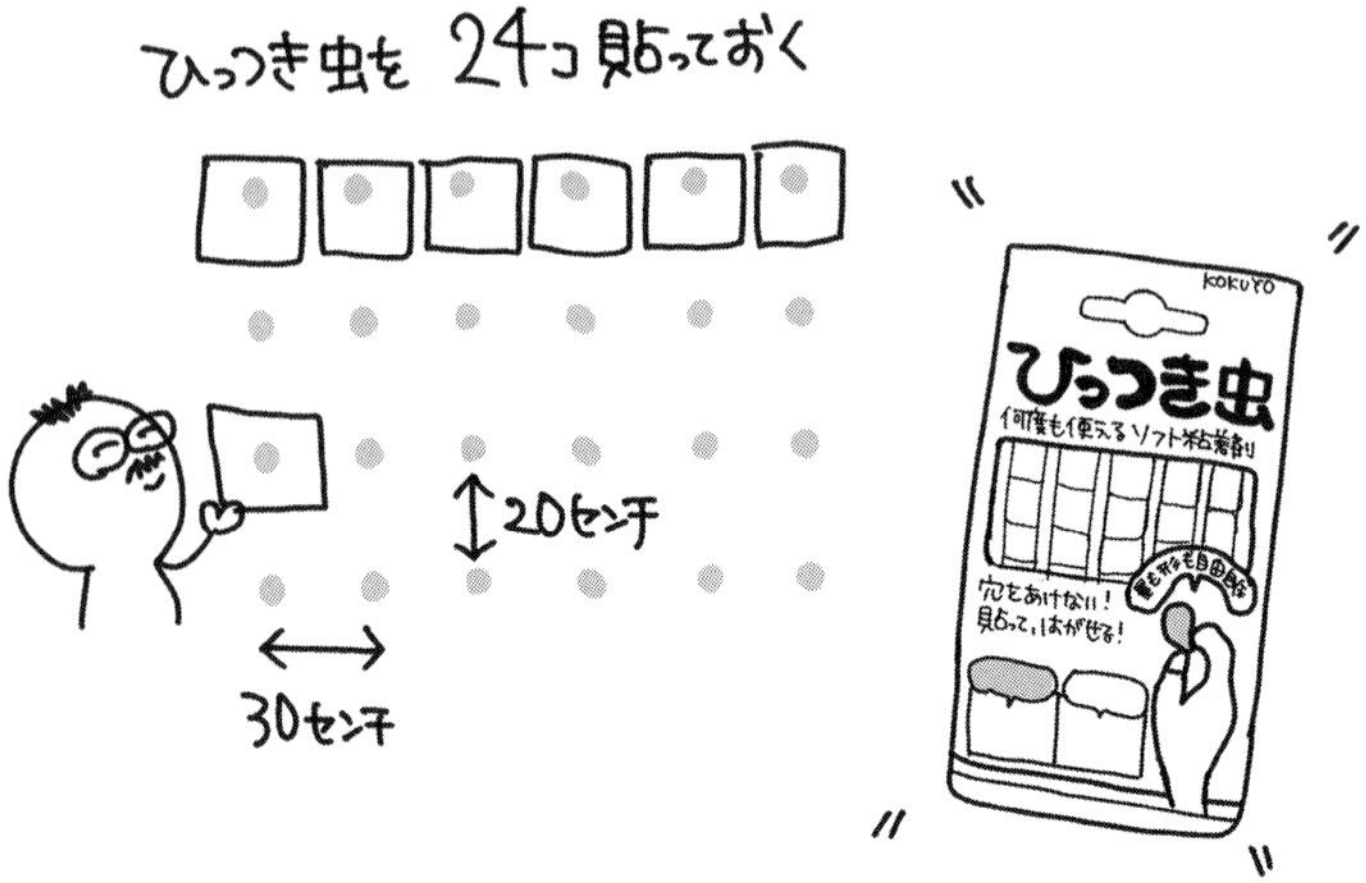
ひっつき虫を 24コ貼っておく
20センチ
30センチ
KOKUYO
ひっつき虫
何度も使えるソフト粘着剤
穴をあけない!!
貼って、はがせる!

シールの表面は布製の絆創膏のような質感で、ＫＰシートは滑らない。指の先の部分だけに付けているので他の部分の違和感がないところも良い。今のところこのシールは（少なくとも）同じシールで10回以上は繰り返し使えている。コストパフォーマンスが良いという点でもおすすめだ。

●困った時のお助けアイテム

・ひっつき虫

マグネットを使用できない壁面でＫＰを行う時に便利なアイテムがある。「ひっつき虫」（コクヨ）という白い８ミリ角のガムのような文具だ。壁面に掲示物などを仮止めする時に使うもので、大きなポスターなどの重いものの掲示は苦手だが、Ａ４のコピー用紙くらいなら難なく落下せずに保持できる。

事前にひっつき虫を壁面に、横に約30センチ間隔で6個、縦に約20センチ間隔で4個（合計24個）貼っておけば、幅180×高さ90のホワイトボード用にレイアウトされたKPセットは全てここに貼ることができる。話している間、ひっつき虫は壁面に24個付いたままで、KPセットだけを貼ったりはがしたりする。プレゼンテーションが終わったらひっつき虫は壁面からきれいにはがすことができる。何度でも繰り返し使うことができる。以前、JICA（国際協力機構）青年海外協力隊の派遣隊員向けの事前研修でKP法のやり方を教えていた時期があったが、その時には赴任地に必ずひっつき虫を持参するように隊員の皆さんにおすすめしていた。紙やマーカーは世界のどんな国に行っても手に入るだろうが、現地にはマグネットが付くホワイトボードなど無いことが予想されるので、その時に備えてひっつき虫持参を呼びかけたのだ。ひっつき虫は世界に誇る日本の文房具のホームラン王だ！

・ステンレステープ

ステンレス流し台補修用ステンレステープ、これはなかなかの優れもので、ひっつき虫とは違って、マグネットが使えるようにするためのアイテムだ。

ステンレス製の薄いテープで、通常は、強力な糊のついた裏の紙をはがしてステンレス流し台の補修に使うものだが、KP法の掲示面作りのためには決して裏の紙をはがしてはいけない。長さ180センチに切ったステンレステープを3〜4本用意して、養生テープなどを使って壁面に

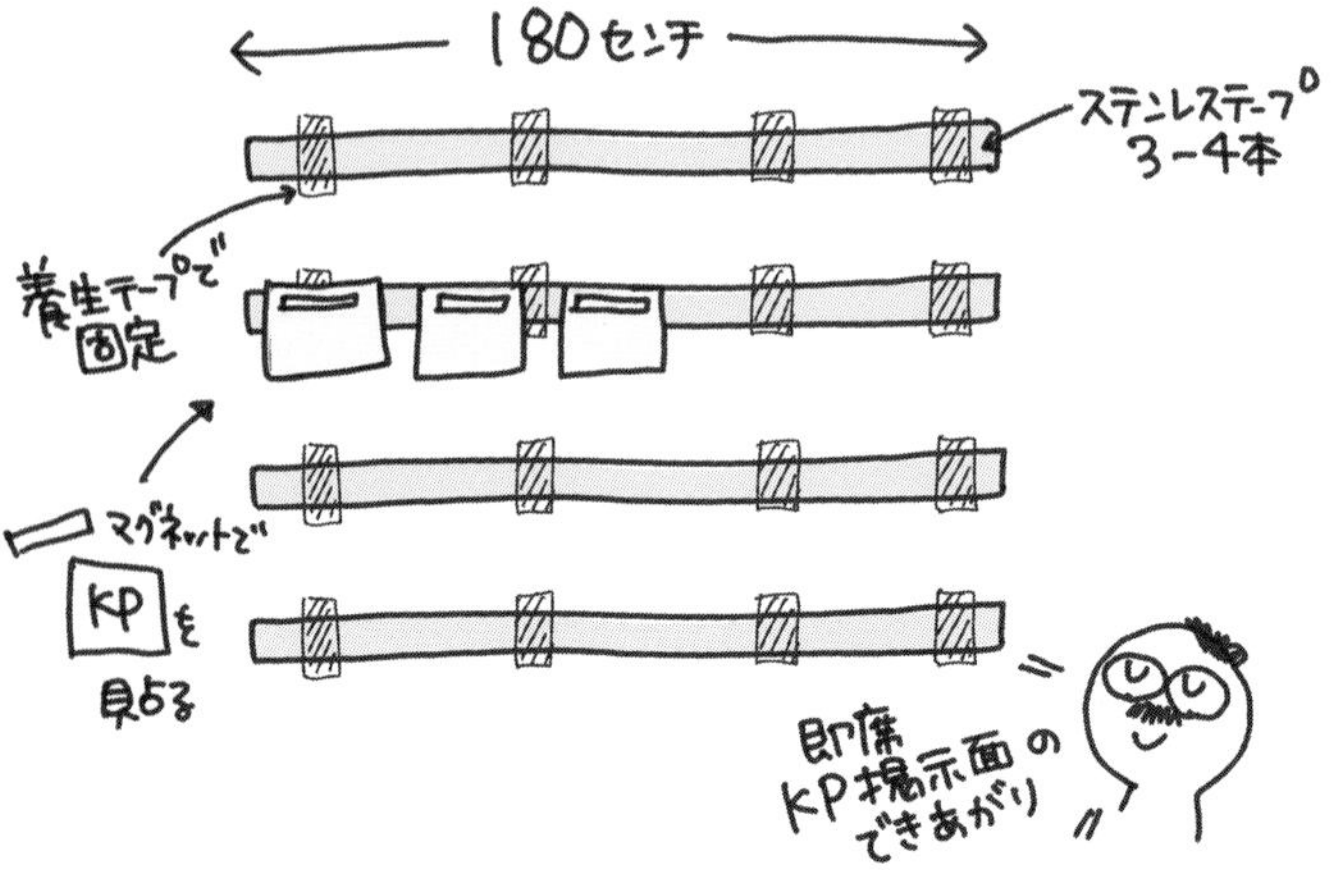
180センチ
ステンレステープ 3-4本
養生テープで固定
マグネットで
KPを貼る
即席KP掲示面のできあがり

このステンレステープを貼り付ける。養生テープを貼っても大丈夫な壁面であれば、どこでも即席のKP掲示面にすることができる。ちょうどホワイトボードの大きさになるようにテープとテープの幅も考えて決めると良い。そう、このステンレステープにはマグネットがくっ付くのだ。ホワイトボードが無くても、このテープさえ持参すればKP法はどこでもできるのだ。

立ち位置を決める

ホワイトボードの前で話すか？　ホワイトボードの横で話すか？　これは一概には言えない。すでにホワイトボードに貼ったKPシートを見せるなら、前には立たずに横に立つだろう。しかし、聴き手との距離を縮めて、聴き手に迫りながら話す時もある（137ページ「間合いのとり方」参照）。そうした場合には、ホワイトボードの

真ん前に立っていることもよくある。常に全体を見てもらいながら話したい時には横に立ち、KPシートはあくまでも話の脇役とする時にはできるだけ聴き手に近い位置、つまりホワイトボードの前に立つこともあるのだ。

自分のプレゼンテーションを動画に撮って見返してみると良い。どんな場合にどこで話しているか？　それが聴き手にどう思われるか？　そんな気持ちで見返してみよう。

KPセットを貼る・はがす

KP法では、マグネットを使ってKPシートをホワイトボードや黒板に貼っていきながら話をする。1セットが終わったところでサッとシートをはがし、そのマグネットを使って次のセットを貼っていく。使いまわす予定のない今回限りのセットならばテープで貼っても構わないの

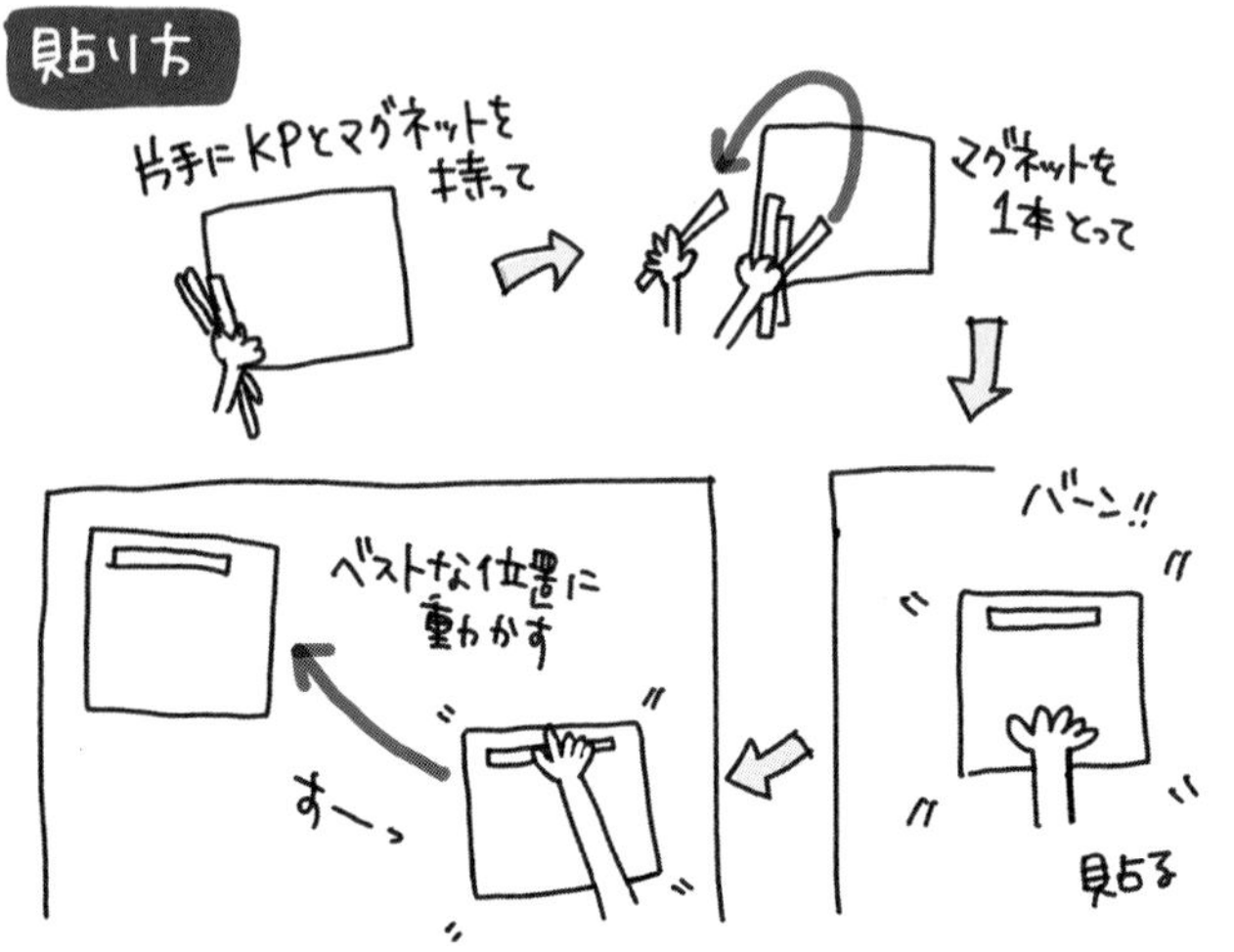
貼り方
片手にKPとマグネットを持って
マグネットを1本とって
バーン!!
貼る
ベストな位置に動かす
すーっ

だが、その場合は滑らせて位置を調整することができないので、そーっと丁寧に貼ることになり、スピード感が失われてしまう。

ＫＰシートの数（＋α）分のマグネットを右手に持ち、同時に、貼る順番に並んだＫＰのセットも右手で持つ。マグネットを左手で1本取りながらＫＰセットの1枚目を貼る（利き手によって左右は逆になる）。

と、言葉で説明するよりも、こうした動きについては、動画を見てもらったほうがいいだろう。ユーチューブ（YouTube）の「ＫＰ法」のチャンネルに「貼り方」の動画があるので、そちらを参考にしていただきたい。

さらに、数セットのＫＰを続けてプレゼンテーションする場合には、「貼る・はがす」を何度かしなくてはいけない。こちらもユーチューブに「はがし方」の動画があるので、見てみてほ

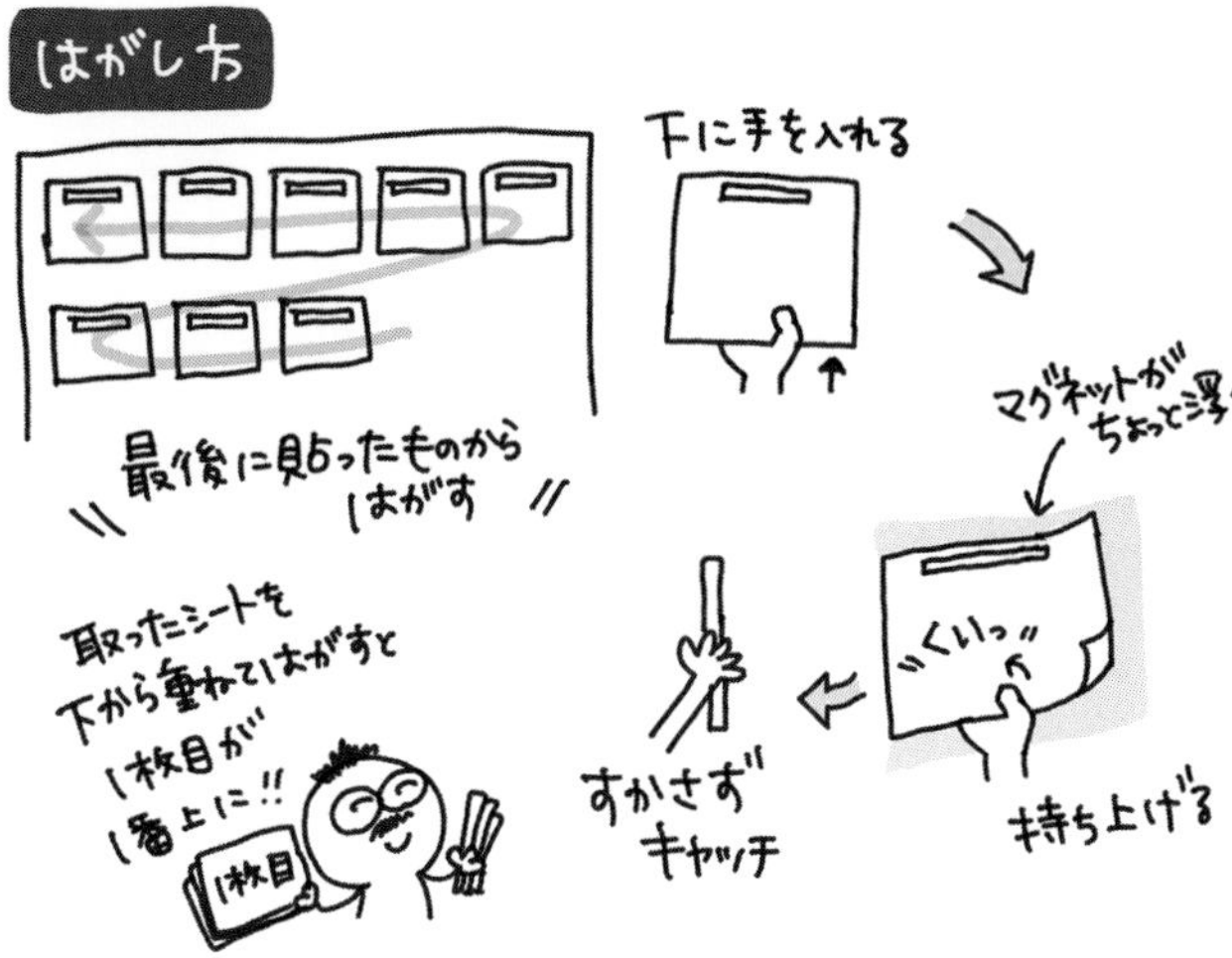

しい。（動画QRコードは146ページ）

実は、はがしている時間にも意味がある。それについては後述する。

「貼る・話す」の順番

前著『KP法　シンプルに伝える紙芝居プレゼンテーション』を発行してから、各地で百数十回を超えるKP法の講座を開催したが、「KPを貼ってから話すか？　話してから貼るか？　両方同時か？」という質問は、結構頻繁にされたものだった。あらためて自分のプレゼンテーションを動画で見てみると、どうやら貼る・話すは「同時」にやっているようだ。まあ、各自、自分のやりやすいリズムでやれば良いだろう。

とはいえ、KPシートを貼ることに慣れていないと、「1枚ずつ貼りながら話す」ということが上手くできなかったりする。どうしても上

手に貼ることに注意が向いてしまって、肝心の言葉が出てこなかったりするようなら、1セット全部貼ってしまってから話せば良い。ただ、全部貼ってから話すことの弱点としては、聴き手に「先読み」されてしまうこと。KPの最後のほうに「オチ」のシートを用意している場合、それが先に見えてしまうのはちょっと残念だ。「貼る・はがす」はすぐに慣れるので、できるだけ「話しながら貼る」ことに挑戦していただいたほうが良いだろう。

使わないKPシート・セットもある

KPのセットは、レイアウトも考えて、例えば15枚で1セットと用意していても、当日の聴き手の様子を観察しながら、「このシート（1枚、あるいは数枚）は省略して貼らない（話さない）ようにしよう」、と現場判断をすることもある。

そういう時には知らん顔して貼らないシートをどこか机に置くなりして「何か余計な紙が混ざっていた」というようなふりをして誤魔化そう。「あ、このシートは皆さんには合いませんね」などと丁寧に説明する必要はない。かえって、「え！　何だったんだろう？　なぜ話さない（貼らない）んだろう？」と余計な詮索をさせるだけだ。

同様に、当日の聴き手の様子を見て、まるまる1セット（あるいは数セット）やらない判断をすることもある。そもそも時間内にできるKPの数は限られているところに、できる量を超えるセットを持ち込んで、その場で数セットはやらないという判断をしようと思って現場に臨むこともある。

いずれにしても、当日の聴き手の様子に合わせて、その場で「編集」することは決して悪いことではない。特に事前に聴き手の情報を十分に得られなかった場合には、その方法を取るしかない。まさか、できる量の数倍ものKPを持ち込むことはしないが、30分間のプレゼンで7〜8セットで良いところを、10〜12セット持ち込むことは珍しくない。

ただ、事前に発表KPを貼り付けたPDFを印刷したものを、資料として配布する場合にはこの手は使えない。1〜2セット多いくらいなら良いだろうが、実際には話されないものが4〜5セットも印刷された資料が配布されるのは（内容にもよるが）あまりよろしくない。まあ、程度問題だろう。

間のとり方

僕のKP法には間違いなく「落語」の要素が入っている。それは何かと言えば、聴き手が想像する余地、隙間があることだ。

落語はとても勉強になる。落語は一人で何役も演じる。衣装も大道具も小道具もなく（扇子と手ぬぐいは使うが）、まさに身一つで数人の人物を演じ分け、笑わせ、ホロリとさせ、時には感心させる。落語をよく聴いていると、そこには「間」が重要な役割を果たしていることに気付く。落語は聴き手の想像力と一緒に作っていく演劇だ。聴き手の想像力が話し手と同じテンポで進んだ時、笑い、涙し、腑に落ちる。落語の間（数秒間の沈黙）の間に、聴き手はその場の情景を思い浮かべる。聴き手が勝手に登場人物の服装を、表情を、部屋の様子や持ち物やそ

の日の天気や気温、そして効果音さえも想像してくれる。

KP法では落語家のような話し手の技術がなくても、掲示面に貼るKPの簡潔な文字の助けを借りながら、聴き手に「情報」と、考える・想像する「隙間」を与えている。決して、とても読みきれない文字量を提供してはいけない。実際には「質疑応答」のような言葉のやりとりが無かったとしても、そこには「無言の対話」が始まっているのだ。

間合いのとり方

「間をとる」とは、具体的には話さない時間を数秒つくることだ。では「間合いをとる」とは？　「間合いをとる」とは聴き手との「距離」を、縮めたり離れたりするということだ。僕は対面でもオンラインでも、座ってプレゼンする

ことはない。ほぼ全ての場合、立ってプレゼンしている。それは聴き手との「間合い（距離）」をつめたり、離れたりしているからだ。ここでは「間合いをとる」よりも「間合いをつめる」について話したい。

対面の場合、間合いは大切なコミュニケーションの要素になる。間合いが大事になるケースは、聴き手とフラットな床に立ち、聴き手が多くても30人程度のような場面だ。聴き手との距離はそもそも近い。僕はホワイトボードにKPを貼りながら話すが、最前列に座っている誰かに「このところ大丈夫ですか？」などと声をかけることが多い。その際に一歩二歩その方に歩み寄って声をかける。つまり間合いをつめる。つめ寄られた方は「えっ！」と一瞬驚くが、僕からの声かけに必ず何らかのリアクションを取ってくれる。「皆さん、ここまでのところ大丈夫ですか？」と30人全員に向けて声をかけても、誰からもリアクションをもらえないことがほとんどだ。誰か1人に向けて間合いをつめて話しかける時、実はそれは全員に向けて話しかけているのと同じことなのだ。全員に向けて聞きたいことを、目の前の誰かに向けて話す、そうすると何かリアクションがあり、そのリアクションが僕の次の話につながる。話しかける誰かは最前列の数人。誰か1人に絞ると何らかの意図があると思われるので、適当に数人に声をかけるようにする。

オンラインではこうした声のかけ方はなかなか難しいが、立って話しているので、カメラに向かって距離を縮めたり、あるいはカメラに向かって指を指して「あなたは、どう思いますか」と話しかけることもよくする。聴き手は大きな指が突然画面に現れてちょっとビックリする。目覚まし効果もあるかもしれない。

対話を意識し、「余白」をつくる

こうして、間をとったり間合いをつめたりしながら、より深いやりとり（対話）が生まれるように意識している。「対話」は決して具体的な言葉のやりとりだけではなく、間をとることで想像してもらう時間（考える余白）をつくることでもある。

この意味では、KPシートをはがしている時間も、「余白」の時間と捉えて良いと思う。スライドによるプレゼンテーションがキツイと感じるのは、この「間（余白）」がないためだ。人間、

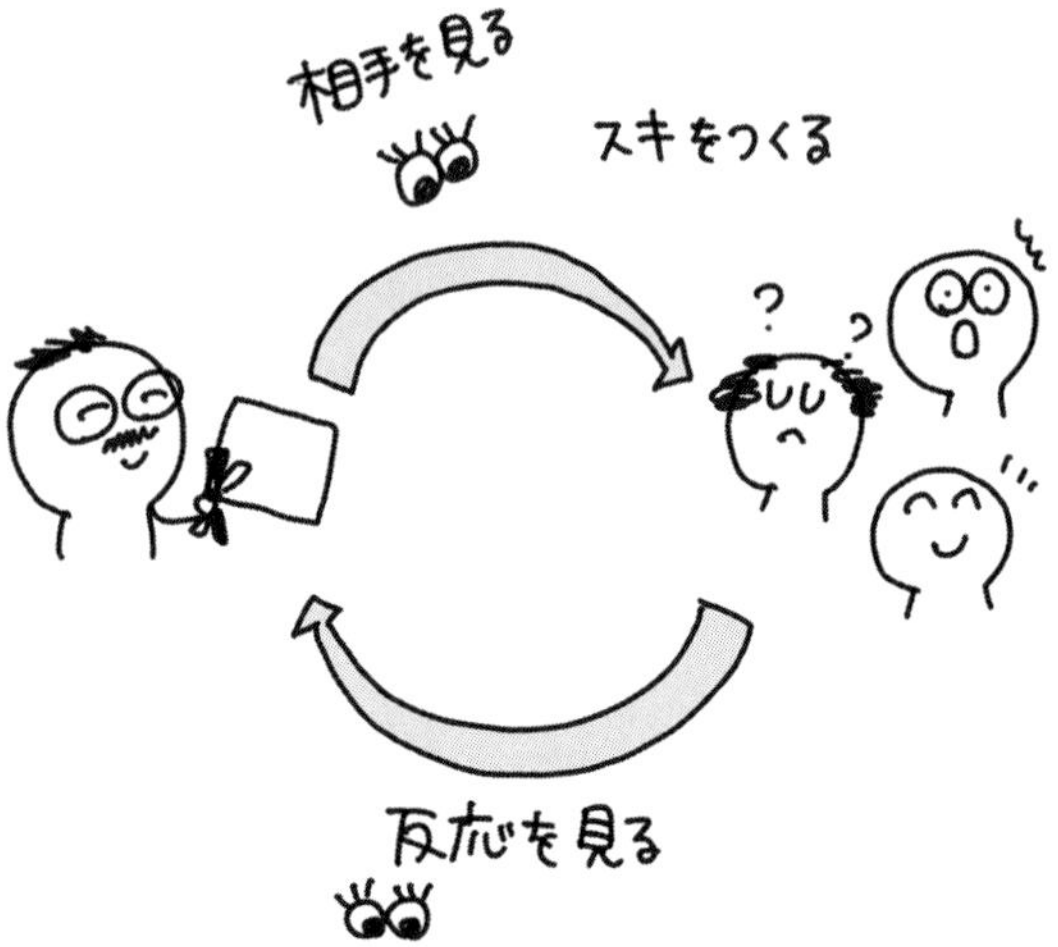

息を吸ったら吐かないと死んでしまう。KPを見ている時間、聴いている時間が、息を吸っている時間だとしたら、KPをはがしている時間は、息を吐いている時間だ。吸って、吐く。この呼吸があるから、安心して聴いていられる。

スライドプレゼンテーションが苦しいのは、息を吐く時間（つまり、次のスライドに移るまでの時間）が0.何秒しかないからだ。余白は大事だ。余白があるから考えられる。想像できる。さらには、自分自身の経験と照らし合わせてみることもできる。

全く間のないプレゼンテーションを聴く機会は結構ある。この話し手は、間違いなく途中で自分の話を誰かに遮られることは想定していないし、きっと望んでもいないのだろう。

「質問は全部話し終わってからお願いします」という気持ちも分からなくはない。口を挟まず

「ちゃんと全部聞いてからにして」というのは、日常的にも当然のコミュニケーションの礼儀だったりする。

でも僕はあえて「スキ」をつくって聴き手の様子をうかがう。よく「口はウソをつくけれど、表情はウソをつかない」と言われるが、聴き手の表情をよく観察するだけでも、僕の話がどう受け取られているのかを想像することができる。あくまでも想像なので完璧に分かるわけではないが、何か言い出しそうな人は表情で分かる。だから状況によっては「え？　何かありますか？」とその方に声をかけることもある。そうするとけっこうな確率で、その方から「ちょっとしたこと」の指摘や質問があったりするのだ。そして、その指摘や質問は皆の理解を進めるのに役立つことも少なくない。僕の言い間違いだったり、文字の書き間違いだったり、聞き取れなかった言葉だったり。何か言いたそうにしている人の質問は、皆にとってヘルプフルな質問、つまり「援助的な質問」であることが多い。そういった意味でも、聴き手を意識して、スキをつくることは有効だ。

「余白」や「スキ」が対話を生む。対話が理解を深める。そして丁寧なコミュニケーションを生みだす。

修正編

リハーサルして全体をチェック

ところで実際には、「さあ清書もできた。あとは発表を待つばかり」では駄目だ。本番を迎える前に練習、リハーサルをしなければ。身近にホワイトボードがあるようなら、実際に貼りながら同時に話す練習をしてほしい。ホワイトボードがなければ大きな机の上に、それもなければ床に並べながらでも良い。可能であれば誰かに聴き手役になってもらい、リハーサルを見てもらいながら、次ページの項目をチェックしよう。

「チェック項目1」を確認するには、リハーサルをビデオで撮って、ビデオを再生しながら確認するか、本番直前にでも、当日会場の一番後ろの席から誰かにプレゼンを見てもらい、聞きやすさ、見やすさをチェックしてもらうのが良いだろう。

「チェック項目2」をリハーサルで確認するのは結構難しい。この項目を判断できる人が身近に居ればその人にチェックしてもらうこともできるが、自分一人しかいない場合には「聴き手の気持ちになって」セルフチェックするしかない。するしかないのだが、する意味は大いにある。

●チェック項目1
物理的にそのプレゼンは……
□聞き取りやすいか？
□見やすいか？（読めるか？）

●チェック項目2
聴き手にとってそのプレゼンは……
□「理解できること（能力）」を大きく超えて（外れて）いないか？
□「知っていること（知識）」を大きく超えて（外れて）いないか？
□「知りたいこと（動機）」を大きく超えて（外れて）いないか？
□「考える・想像する」余白があるか？

練習で持つ違和感

KPシートを貼りながら（置きながら）、ちゃんと声に出して、プレゼンテーションの練習を

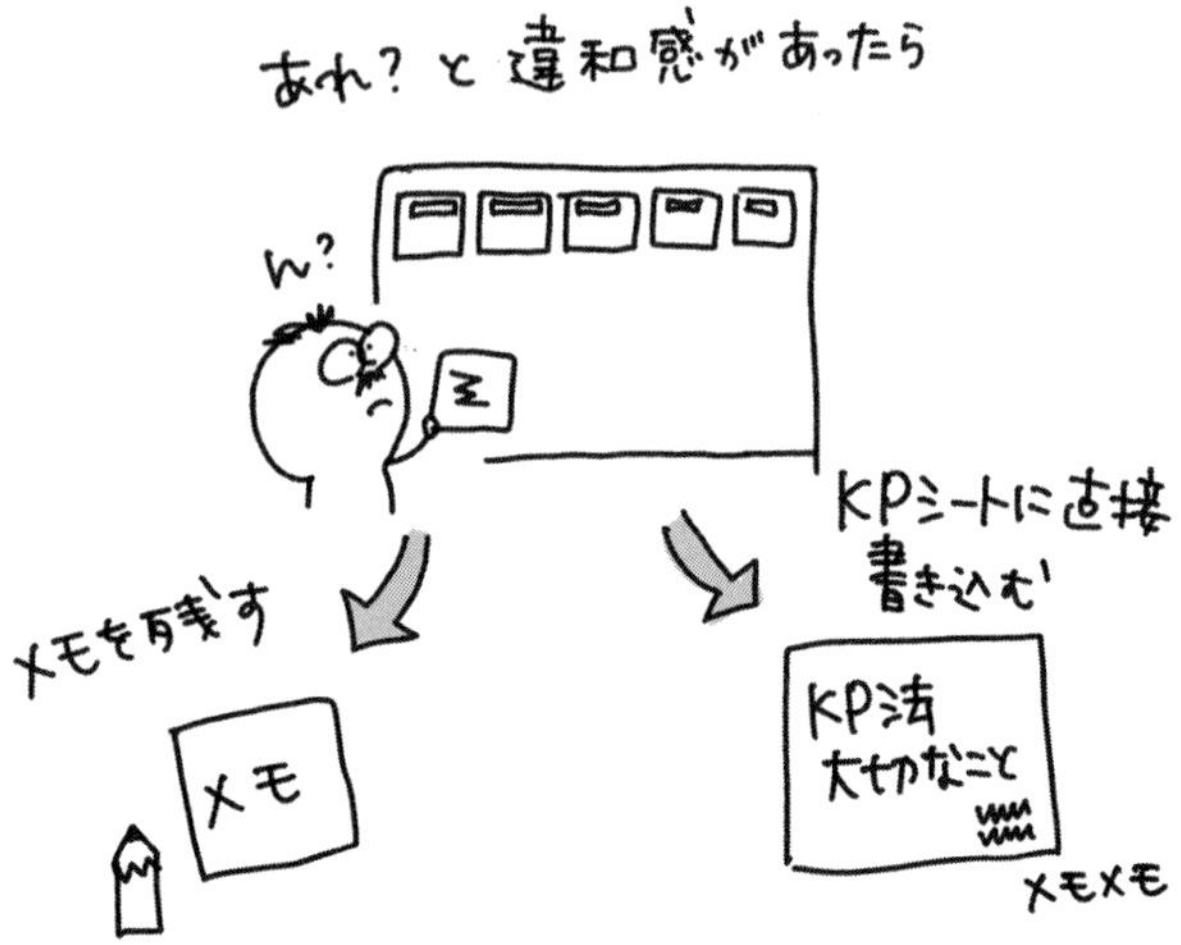
あれ？と違和感があったら
ん？
KPシートに直接書き込む
メモを残す
メモ
KP法
大切なこと
メモメモ

しよう。この練習の時点で「違和感」を持ったらKPシートを修正したほうが良い。

「違和感」は色々な場面で感じるものだ。練習していて、どうもスムーズにいかず突っかかることがあるならば、そこは要注意だ。聴いているほうも、そこが聴きにくい可能性大だ。「読みにくい／話しにくい」ところは、「読みやすい／話しやすい」表現に変更したほうが良い。リズムに乗って気持ちよく読める文章かどうか？どこかで引っ掛かるところがないか？ 自分の感性を信じてチェックしてみよう。

本番のプレゼンで持つ違和感

いよいよプレゼンテーション実践の時が来た。準備したのだから、練習もしたのだから大丈夫（なはず）。でも本番でKPをやりながら話していて、自分で違和感を持つこともある。

練習の時には感じなかったけれど、「どうも、この論理展開には無理があるな」「この言葉じゃないな」などと気付くことがある。そんな時にはできるだけ早く、違和感や修正案のメモを残そう。

また聴衆を前にプレゼンをしてみると、聴き手の反応から「あれ？　何か違うな？」「これ、届いていないな」などと感じることがある。そうした時にも、忘れないうちにKPシートに鉛筆で書き込んでおこう。時間が経てば経つほど違和感は薄れていくので要注意だ。

聴き手の変化に気付くためには、あたり前だが聴き手を常に見ていなければならない。聴き手のちょっとした首の動き（ほんの数ミリ横に動くだけかもしれない）、さっきまで前後に大きく頷いていた人が、このKPシートだけ少し首を傾げた。その瞬間、そのKPシートは忘れないでチェックしたい。「なぜ、このシートでは前後に首が動かなかったのだろう？」と考える。可能であれば、その人に直接聞いてみても良いかもしれない。思わぬ指摘が、自分では気付けなかった指摘が、もらえるかもしれない。傾げてくれた首に感謝しよう。あなたのKPはまた修正され、補強されるのだから。

もちろん、その指摘は次回に活かされるだけでなく、その場で新たな対話を生みだすことにもなるだろう。

YouTubeにはKP法の登録チャンネルがあります。
多くの動画を配信しているのでぜひご視聴ください。

KP法チャンネル　検索

KP法 動画QRコード（YouTube KP法チャンネルより）

◉KP法（紙芝居プレゼンテーション法）とは

◉「えんたくん」とは何なのか

◉KP法の道具を紹介します

◉KP法の貼り方

◉KP法のはがし方

第5章

KP法の使い方

僕はこれまで、様々な場面でKP法を実践してきた。その中で、定番の幅180センチホワイトボードが会場になく、A4サイズのKPができないことも多々あった。そんな時にどのように対応してきたか。僕はできる限りKP法を使ってプレゼンテーションをするために、試行錯誤し、会場やシチュエーションに合わせて、様々な方法を編み出してきた。

特に2020年3月以降は、オンラインで対応することが増えてきたこともあり、KP法も「アナログ」とばかりは言っていられなくなった。「対話を生みだす」というKP法のメリットを損なわずに、いかに確実に伝えていくか。僕は常にこの課題と向き合い、使い方を工夫し、道具を吟味してきた。

またKP法は、その作成プロセスから、プレゼンテーション法としてだけでなく、思考整理法としても活用することができる手法だ。思考整理（合意形成）に特化したKP法の使い方もあるのだ。

ここでは、僕が実践してきたKP法の工夫のうち、番外的な使い方を紹介しよう。これらの中には、あなたがKP法を用いるシーンでも、役に立つ方法があるかもしれない。何だって、「こうじゃなきゃいけない」ということはない。より良いように改善、改良してきた試行錯誤の軌跡をぜひ見てほしい。

KP法によるプレゼンテーションの様々な工夫

書画カメラKP法

２０１０年7月10日、立教大学14号館の大教室。この日は、僕が5年間務めた立教大学大学院異文化コミュニケーション研究科特任教授としての最終講義の日だった。当日は大学院の学生だけでなく一般の方の聴講もＯＫだったため、大きめの教室が用意されていた。講義のひと月ほど前に会場の下見に行った僕は教室の広さを見て途方にくれた。その会場全体から「パワーポイントしか無いでしょ！」と言われている気がした。確かに300人収容のその大教室で僕の普段使っているＡ４サイズのＫＰでは無理があった。ここでは前方の数列の人にしか文字は認識されないだろう。困った。ふと教卓を見ると、そこには書画カメラ（ＯＨＣ＝オーバーヘッドカメラ）があった。「良かったら私を使ってね」と控えめに僕に訴えかけていた。そうか、この手があった。サイズを計ったところ、35センチ四方の面積の投影が可能だった。横の長さが6センチほどの用紙をＫＰとして使えば良さそうだった。

その日のうちに文房具店に行き、手頃な大きさの用紙がないか探した。名刺よりも一回り小さい単語帳を見つけた。これだ。この大きさに合う筆記具として、ぺんてるサインペンを採用

した。何でもかんでもプロッキーということではない。紙の大きさに合った筆記具の選定が大事なのだ。

そして最終講義当日、書画カメラと単語帳を使ったKP法は、始めた瞬間だけ大ウケした。しかし10数秒後から会場の聴衆は普通の講義を聴く体勢に戻っていた。ちょっと拍子抜けだった。もっとウケると思っていたので。

その後も書画カメラ方式のKP法は幾度となく使った。会場に設置してある大型の書画カメラを使うこともあったが、そのうちに自分で持ち運ぶことができる「書画カメラ的投影装置」を用意するようになった。それはスマホとカメラスタンドの組み合わせだ。僕の場合は、携帯できる簡易なカメラスタンドにiPhoneを取り付け、机を真上から撮影するように設置する。iPhoneで撮影する画面が書画カメラの画角となる。iPhoneからの出力はLightning端子からHDMIあるいはRGB変換コネクタを使ってプロジェクターにつないでいる。

この場合に使っているKP用紙のサイズは横約7センチ×縦約5センチで、おおよそA8サイズだ。A4サイズの手書きのKPをドキュメントスキャナで「文書」としてスキャンして、この大きさに縮小印刷（16 in 1／16分割印刷）して使う。ちなみにこのA8サイズのKPのことも「ミニKP」と呼んでいた。ミニKPはこうした書画カメラでのプレゼンテーション用の小さなサイズのKPから始まった。

今も、講演会場でどうしてもホワイトボードなどのKP法をプレゼンテーションする掲示面が用意できない場合や大会場の時には、この書画カメラ&ミニKPによるプレゼンテーションを行っている。

書画カメラ的投影装置

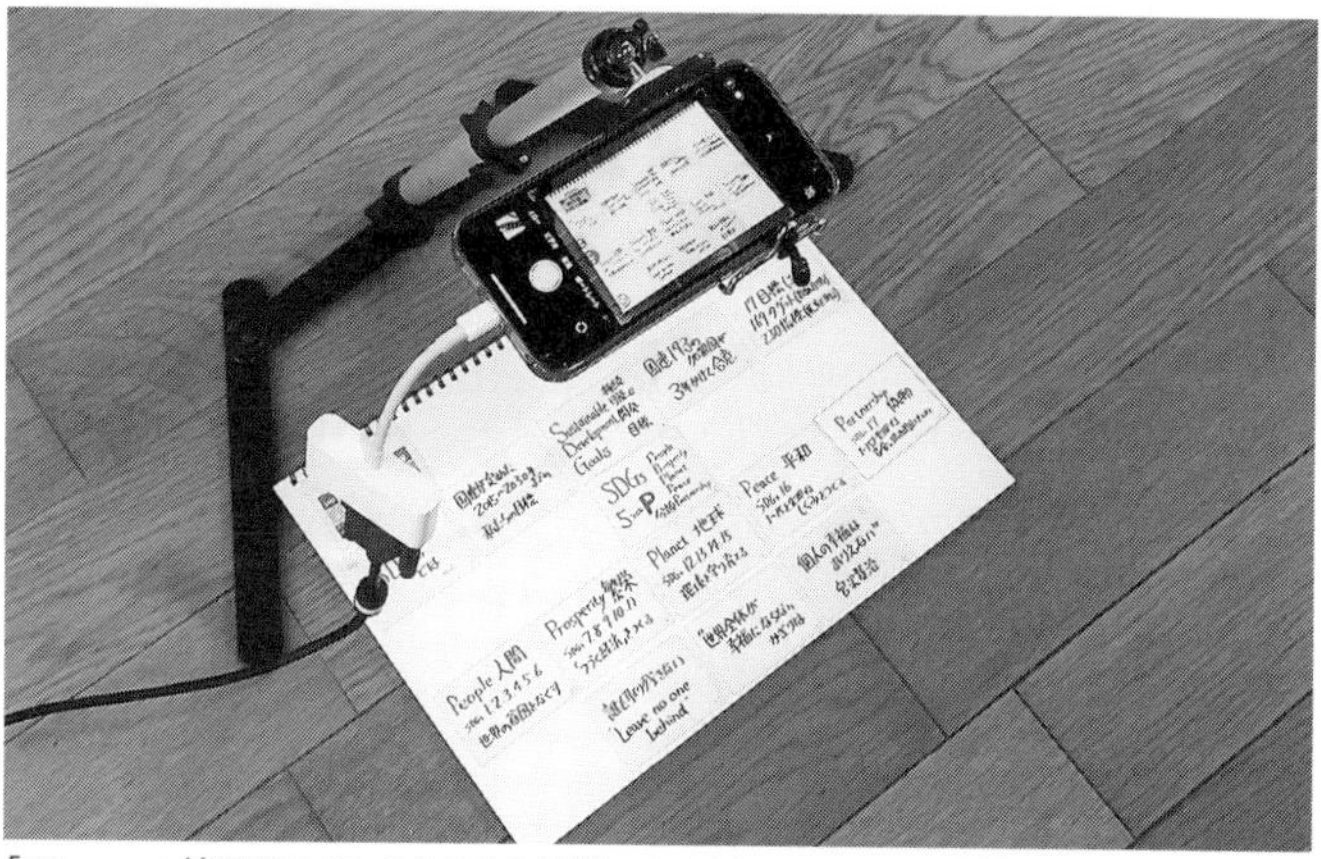

「iPhone ＋接写用スタンド＋RGB接続コネクタ」でA8のKPを投影

ポスター発表KP法

２０１７年9月、盛岡市にある岩手大学で日本環境教育学会の第28回大会が開催された。僕はこの学会の役員は何度かやっていたが、口頭発表はやったことがなかった。この時はポスター発表にエントリーしていた。数か月前のエントリー時点から「ひとつ、しでかしてやろう」と企んでいた。

それは、学会発表における「口頭発表」と「ポスター発表」の「身分差」への抗議活動だった。と言うといささか大げさだが、例えば大学の指導教官からの「君はまあ、学会での発表は今回が初めてだから、とりあえずポスター発表でもしてみたら」という声に代表される、まるでポスター発表を見下すような眼差しに、かねてから違和感を抱いていたのだった。

僕は、わずか12分の発表と2～3分間の質疑応答で、１人か２人としか意見交換ができない口頭発表よりも､ポスター発表のほうがもっと長い時間､関心を寄せてくれた人とコミュニケーションをとることができるし、目の前にいる人に合わせて発表内容を如何様にも変更することができるという「強み」を感じていたのだった。このことをこの岩手大会で実証しようとエントリーしたのだった。

用意したのは「Ａ０」大のポスター１枚と、Ａ６サイズ（Ａ４の４分の１）のＫＰ８セット。ポスターは片面に水性マーカー（ポスカの緑）で全面緑色に塗った。黒板のイメージだ。その

緑色に塗ったポスターに、「掲示用強弱両面テープ」を、A6用紙の幅と高さ分の間隔をあけて10数枚、もちろん、強粘着面のほうをポスター面に貼っておく。

緑に塗ってテープを貼ったこのポスターを発表会場に持ち込み、ただ緑色の紙を掲示した。タイトルは「SDGsとESDの関係をKP法で考えてみた」として、緑色の紙の下部には、持参した8つのKPセットの貼り終わった状態の写真を掲示。そして手前の机には8種類のA6サイズのKPセットを置いて「①〜⑧のKPがあります。各2〜4分間です。リクエストに応じてKPします」と掲示した。

A6のKPシートは強弱両面テープの「弱」のほうに貼るわけで、貼ってはがすのが容易だ。このテープは少なくとも数十回の「貼る&はがす」は問題なくこなせる。A6サイズのK

Pの作り方は簡単だ。すでに出来上がっているA4サイズの手書きのKPのセットを、ドキュメントスキャナを使って普通に「文書」としてスキャンしてOKで、印刷の際に「4 in 1」つまりA4×1枚に4画面印刷できるように設定すれば、A6サイズのKPが完成する。カラー印刷が可能なら文字色も手書きのKPそのまま再現することができる。

僕は実験的に口頭発表の時間（午前・午後）と昼休み（ここがポスター発表の時間）、つまり朝から夕までずっと、ポスターの前に立ってみた。口頭発表を聞かないで会場をウロウロしている人（サボり組）も結構いて、僕のポスター（緑色の紙に、タイトルと、下部に少しの写真）を見て、足を止める人もいた。

川嶋「どれにしますか？」

参加者「え？　選ぶの？」

KPでポスター発表

A6のKPセットを貼り終えたところ。下部には持参したKPセットの写真

川嶋「そう、好きなのやりますから」
参加者「じゃあ②番」
川嶋「へい、②番ですね、じゃ行きますよ〜」
という感じで、数分のプレゼンテーションをする。見終わって帰る人。「KP法っていうのか。へえ、面白いね」と言う人。「じゃあ、次は③番を」とおかわりする人。「この1枚は分かるな」と貼られたA6のKPシートを指差して、そこから話が深まる人。色々な反応があり、その場で対話が始まって面白かった。確実に、KP法によるポスター発表は成立すると確信した。
道具のおさらいをしておこう。
・A0サイズのポスターの裏紙（黒いケント紙でもOK）
・掲示用強弱両面テープ
・A6に縮小印刷したKPセット
道具はこれだけだ。

KPセットをパワーポイントに

「KP法をパワーポイントにする」と聞いて、「なに？」と思われた方も多いのではないだろうか。「川嶋さんはパワーポイントではない方法としてKP法を提唱しているのに、KP法をパワーポイントにするって、宗旨変えですか？」と驚いたかもしれない。KP法をパワーポイントにするとは、ＫＰをパワーポイントで作るということではなく、手書きのＫＰセットをスキャナでデータとして取り込み、それをパワーポイントに貼り付けるという方法だ。その方法がいくつかの機会で必要だったからそうしたのだった。

その必要がある機会の一つ目は、講演依頼者に事前に講演内容を確認してもらう時だ。パワーポイントのアニメーション機能を使って、リターンキーを押すとＫＰを1枚1枚貼っているかのように、次々にＫＰシートが貼られていく。どうしても必要な場合にはパワーポイントのノートにその画面で話す内容（台詞）をそのまま全部書くこともある。

もう一つの必要な機会は、大会場でＫＰ法をやる時だ。大会場で大人数を対象にＫＰを見せるために、ＫＰ法をパワーポイントに取り込んでプレゼンテーションするのだ。

では「ＫＰ法をパワーポイントに取り込む」方法を説明しよう。これにはちょっとした工夫が必要だ。まずＫＰのシートをスキャナで取り込む時には「写真」として拡張子「.jpeg」などとして取り込まないといけない。そうしないとパワーポイントに1枚のＫＰシートを1枚の写真として貼り付けられないからだ。普通に「文書」としてスキャンすると拡張子「.pdf」で15枚のＫＰが1つのファイルとして保存されてしまい、1枚ずつ分けて貼り付けることができないので要注意だ。

「写真」としてスキャンした15枚のＫＰシートをパワーポイントに取り込んだら、ホワイトボードでのプレゼンテーションと同じようなレイアウトに並べて、実際のＫＰと同じ順番でアニメーションを使って貼り付けるようにセットする。これで手書きのKPシートを実際に1枚ずつ貼り付けるようにプレゼンテーションすることができる。最後に全ての写真のファイルを圧縮してサイズを小さくすることを忘れないように。スキャンしたままだと非常に重たいパワーポイントのファイルになってしまう。画像の品質は「画面表示（150ppi）」で十分だ。

会場にホワイトボードがない場合は、素直にKP法を諦めたフリをして「分かりました、パワーポイントでやります」と主催者を安心させよう。当日は他の発表者と同じパワーポイントプレゼンテーションなのだが、画面に映し出されるのは「手書きのKP法」という仕掛けに、みんなビックリという次第だ。

僕のパソコンには、こうして作られたパワーポイント版KPセットがおおよそ300セットほど

パワーポイントに貼り付けたKPセット

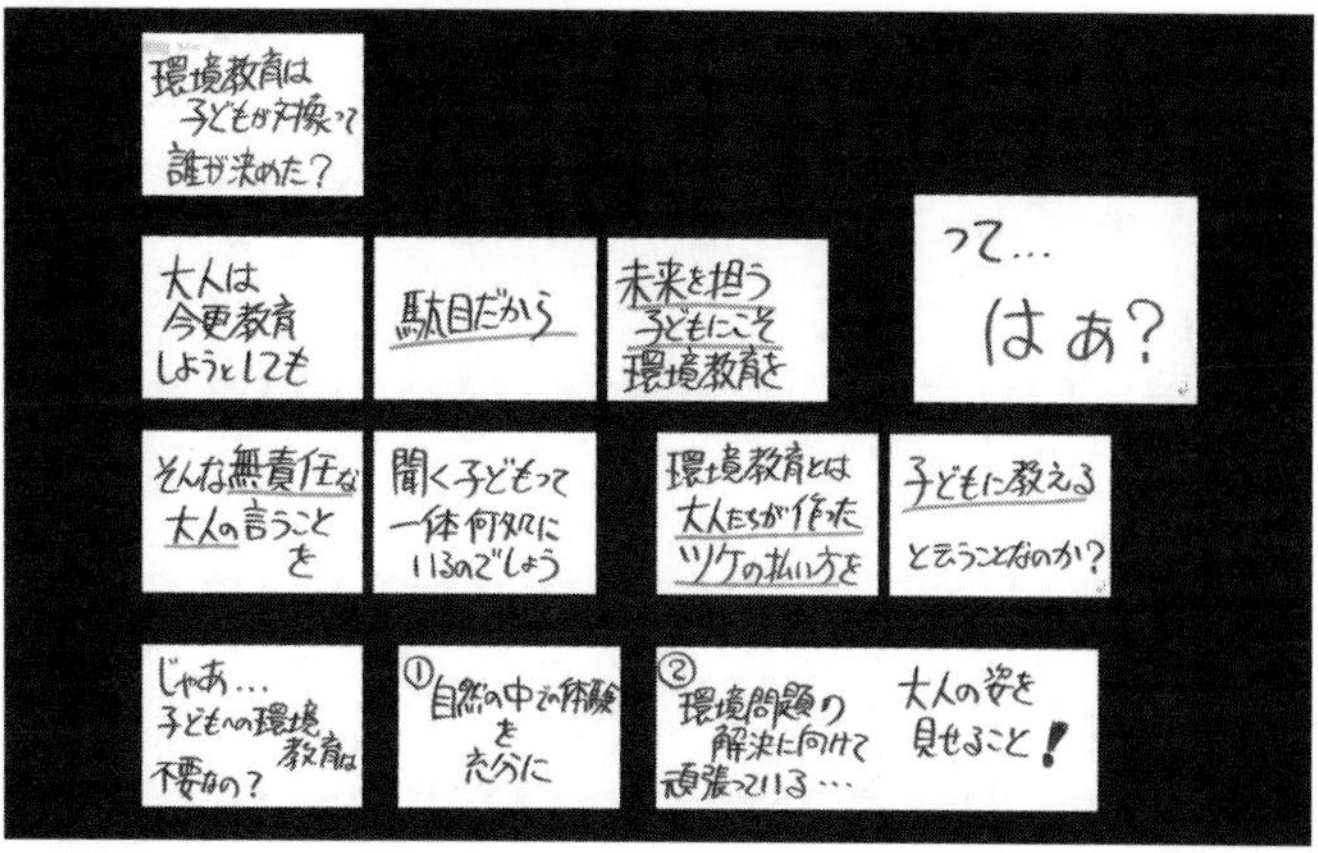

シートのサイズを変えて強弱がつけられるのはパワポならではの表現

保管されている。KPの実物を使った実演ではなく、コンピュータの中に入っているのだから楽だ。重くもない。破れもしない。はがす手間もない。いい事ずくめじゃないか！ でも、ホワイトボードにKPシートを貼る時の「バンッ！」という音がない。今度は効果音も付けてみるか……。

撮影して大型スクリーンに投影

大きな会場で大人数を対象にKP法を見せる方法として、前述の、書画カメラを使う方法やパワーポイントにする以外にも方法がある。ホワイトボードに貼り付けていく通常のKP法の様子をビデオカメラで撮影して、その映像を、プロジェクターを通して会場の大きなスクリーンに投影するという方法だ。これまでで最も大きなスクリーンだったのは、中国の四川省成都で約1000人を前にプレゼンテーションした時だろう。2018年に開催された中国自然教育フォーラムの基調講演だった。

聴衆が40人を超えて、ホワイトボード（黒板）から最後列までの距離が10メートルよりも遠くなるようだと、通常のA4用紙でのKP法の文字は非常に読みにくくなる。もちろん読む人の視力にもよるので、5メートルでも読めない人もいれば、15メートル離れていても読めるという人もいる。これはあくまでも平均的な話だ。ともかく大会場・大人数の場合、前に紹介したパワーポイントを使ったKP法を行う選択をすることもできるのだが、まれにKP法というプレゼンテーションの手法そのものを紹介するという意味合いで、主催者側から「ぜひ、ホワイトボードを使ったKP法を見せてほしい」という要望を受けることがある。そのような時には、通常のやり方でKP法を行って、「ホワイトボードでのKP法↓ビデオで撮影↓プロジェクターでスクリーンに投影」という方法を取ることになる。

ちなみに、中国成都での聴衆1000人の講演の時は、プロジェクター&スクリーン投影ではなく、ビデオ撮影した映像を大型LEDスクリーンに投影していた。非常に綺麗な映像だったことは言うまでもないのだが、映し出される映像が、実際の僕の動きより数秒遅れてのタイミングだったので驚いた。

通常のKP法を大型スクリーンに投影

中国語のKPは川嶋の手書き。LEDスクリーンのタイミングが遅れている

KP法をオンラインでやる工夫

オンラインでKP法をやるには

2020年3月以来、対面でのコミュニケーションの機会は非常に少なくなった。コロナの波と波の間の時期には対面での打ち合わせが多少行われることもあったが、研修会・セミナー・講座に至っては、いつ次の波が来るか分からない時期に対面でのイベントを計画するのはあり得ないことだった。

2017年秋からズーム(Zoom)の有料会員だった僕は、会員になってすぐに色々な人に「ズームっていいよ」とズームでのコミュニケーションを誘ったが、結局2020年3月にコロナの波が来るまでの間、僕とズームをする相手はなかなか現れなかった。

多少皆さんよりは早くズームを始めたとは言え、なにせその間の練習相手がいなかったのだから、2020年3月時点でのズーム初心者度は多くの人とほとんど変わらなかった。ズームでは複数人の顔を見ながらのコミュニケーションができるという利点があるが、それより画面共有ができることのほうに意味を感じる人が多かったかもしれない。未だに、挨拶もそこそこに「じゃあ画面共有しますね」と言ってパワーポイントの画面を映し出す人のなんと多いこと。

対面じゃない分、少しは丁寧にお互いの挨拶や自己紹介くらいから始めても良さそうなものだけど「そういう時間は一切無駄」と言わんばかりに画面共有に価値を見出しているようだ。

オンラインであらかじめ用意したものを見せる、つまりプレゼンテーションの方法として、僕もパワーポイントを使うことはもちろんあるが、オンラインの場合でもアナログな手書きのコミュニケーション手法がないか、様々な模索をした。その結果、現在でも使っている手法が、「A5用紙の紙芝居」「A4用紙の1枚KP」、そしてこれまで定番だった「ホワイトボードでの通常のKP法」という3つの手法だ。またそれとは別に、研修や講座の参加者が発表するためのKPの手法も一つ辿り着いた方法がある。それも後ほど紹介しよう。なお、以下のオンラインでの方法はいずれもズームを利用している。

A5用紙の紙芝居

2020年4月下旬に開催された、アースデイ東京のスタッフのふりかえりミーティングで初めて使った手法がこれ、「A5用紙の紙芝居」だ。

その日、僕はそのミーティングの進行役だった。A5サイズの厚手の紙に、1枚に2〜3行の言葉を水性マーカーで書いて用意し（この時は全部で20数枚）、この紙芝居の束をのせて次々に引き抜いていくための固定台（イーゼルのようなもの）を三脚に取り付けたものを自作した。その台にA5サイズの紙芝居をのせ、次々と見せながらテンポよく進めていった。ホワイトボードに貼るＫＰ法と違って前のＫＰシートは残らないので、いわゆるＫＰ法とは随分機能の違う手法ではあるが。話していることを「見える化」でき、僕にとってもあらかじめ用意したＫＰの通り進行する台本代わりになっていた。

　この固定台はコロナが流行し始めた頃に考えたものだ。２０２０年３～４月の間に、手元の紙に伝えたいことを書いて見せながら話す「見える化」は、僕だけでなく結構多くの人達がオンラインで行ってきていたのだが、紙が揺れて読みにくいし、画面からはみ出てしまうし、顔は紙で隠れるし、決して気持ちの良い見える化ではなかった。そんな時に「紙を固定すれば良い」と気が付いて、固定台を作ったのだ。コンピュータ付属のカメラの角度に合わせて固定台の角度も前のめりになるような工夫もした。これで紙が台形にならずより見やすくなる。

A5用紙の紙芝居

A5サイズのKP法、固定台に乗せて素早く送っていく

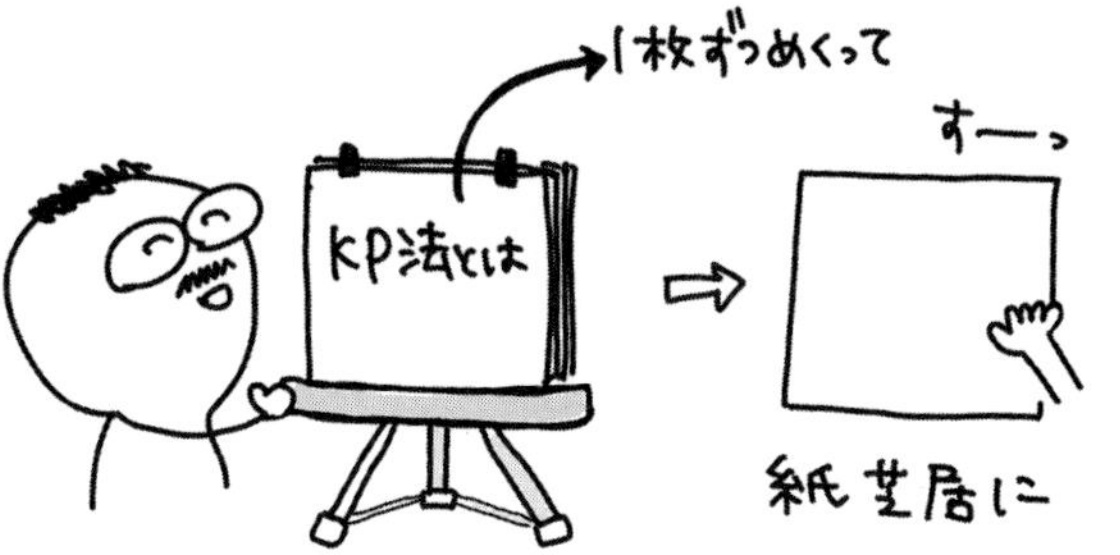
1枚ずつめくって
KP法とは
すーっ
紙芝居に

このA5用紙をバンバンとめくっていく手法は、何か概念や考え方を講義するには不向きだが、オリエンテーションやミーティングの進行、実習の手順説明などに使うには良い方法だ。

A4用紙の1枚KP

2020年5月中旬に、「日本環境ジャーナリストの会」が開催したオンラインセミナーで話をする機会を得た。しかしこの時は開催時間帯が夜ということで、ホワイトボードが使える場所を確保するのが難しかった。60分近い講演時間で、どのように「見える化」するか、その方法を考えた。普通だったらパワーポイントを考えただろうが、参加予定の何人かから、「川嶋はオンラインでどんな見える化の工夫をしてくるのか見てみたい！」という期待の気配を感じていたので、意地でもパワーポイントは使わない方法を考えたかったのだ。

そこで登場したのが、A4用紙（少し厚手の紙）1枚に2～3分で話せるくらいの内容を書き込んでそれを指差しながら話す、A4用紙1枚で一つのKPセットという感じのプレゼンテーション手法だった。先に紹介した紙芝居用の固定台にA4サイズのプラダン（プラスチックダンボール）を素早く脱着できるよう磁石で固定する方法を考え、そのプラダンに厚手のA4用紙をクリップでとめる方法を取った。

この手法は「A5用紙の紙芝居」よりも、よりオリジナルKP法（A4&ホワイトボード）の手法に近いものになっている。1話2～3分で話し終わるA4用紙1枚のKPが、10話（10枚）だったら30分で完結するという方法だ。この2年間で20数回この方法を実施した。ほぼ月イチのペースだった。

A4用紙の1枚KP

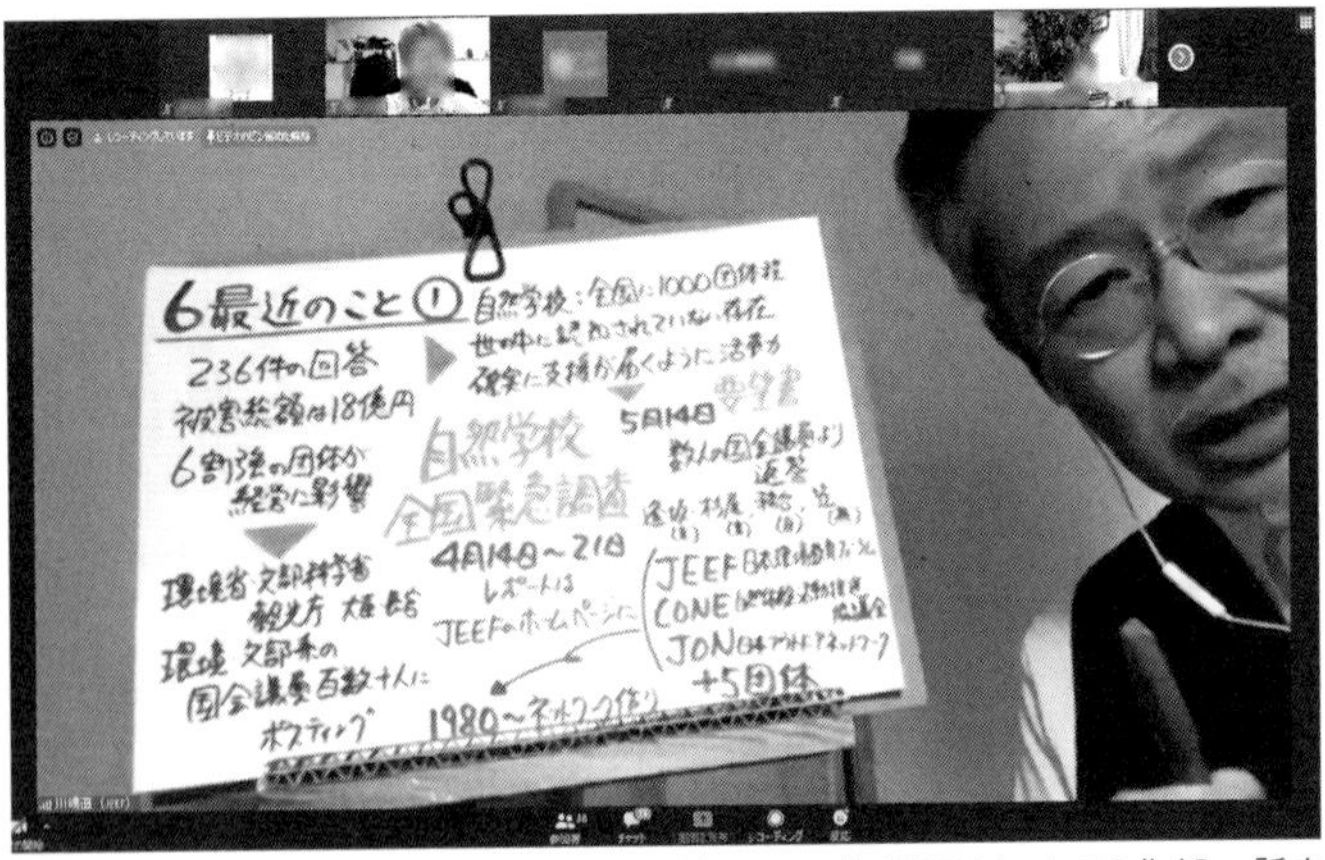

A4サイズのKP法、この1枚がKP1セットで3分くらい話す

オンラインでの「A5用紙の紙芝居」の方法も「A4用紙の1枚KP」の方法も、パワーポイントによるプレゼンテーション手法と比較して何よりもパワフルなのは、顔が（あるいは上半身が）画面に大きく映ることだ。表情も手のジェスチャーもバッチリ伝わる。パワーポイントの右上に申し訳程度に映っている顔とは、その力強さで、全く比較にならないパワーがある。パワーポイントのどこが「パワー」なんだ！　と、突っ込みたくなる。

オンラインでもホワイトボードで

KP法を提唱している僕でも、さすがに自宅に幅180センチのホワイトボードはない。地元清里のコワーキングスペースである「八ヶ岳コモンズ（旧高根清里小学校）」に出かけて、個室とホワイトボードを貸してもらう。八ヶ岳コモンズの利用は9〜17時までと時間が限られているので夜の講座などはなかなか実施が難しい。しかし、八ヶ岳コモンズが最強なのはネットの通信速度だ。大体400Mbpsのスピードがある。都会では考えられない桁外れのスピードだ。Wi-Fiのスピードについては田舎を侮るなかれ！　都会のほうがいつも多くの人のアクセスで混雑しているので、同じ線の太さでも圧倒的にいつも空いている田舎の勝ちなのだ！

このスピードがあり、カメラは720p以上あれば、幅180センチのホワイトボードにA4のKPを貼ってプレゼンテーションしても、十分に相手に伝わる。ただし、受信側のデバイスがスマホだったり、受信速度が極端に遅かったりすると、決して見やすいプレゼンテーションにはならない可能性がある。スマホで受信速度が遅い環境だったら、パワーポイントだとしても厳しいことは変わりないだろう。

ポップスタンドでKP法

ある企業の研修で、2日間のオンライン研修のまとめとして、10数人の参加者が各自の行動計画を全参加者に向かってプレゼンテーションして、全員からフィードバックをもらうという場面があった。研修担当者から、できればKP法を使って最後の発表をしてもらいたいという依頼だった。ここの道具立てをどうしようか、担当の方と一緒に随分悩んだ。悩んだ結果、以下のような方法を考えてみた。参加者はオンラインでの参加なので、ほぼ全員が、自宅からの参加だった。

最初に考えた方法は、名刺サイズの紙でKPセットを作って、机の上に名刺大のKPを1枚ずつ置きながら、それをパソコンとは別にズームにログインしたスマホで机上から動画撮影する方法だ。しかし、この方法だとスマホカメラの持つ腕がどうしても動いてしまい、非常に見にくい映像になってしまうことと、顔を同時に映すことができないこと、さらに同時に2デバイスの（ズームとの）通信を使ってしまうので、通信状況によっては音声や画像が途切れる可能性があるという問題もあった。

そこで、使うデバイスは1台のパソコンのまま、簡単な道具を各自に送るだけでできる方法

はないか探したところ、良い方法と道具に辿り着いた。それは「ポップスタンド」だ。ポップスタンドとはクリップにPOPやプライスカードを挟んで使う商材だ。探してみたらA4横サイズのカードを下げられる大きさのものが安価で入手できそうだった。ポップスタンドにぶら下げたA4サイズの少し固めの用紙に、75ミリ角の付箋を使ってKP法の発表ができそうだった。テストしたところA4用紙に横4枚×縦3枚の付箋を貼ることができた。このポップスタンドを使ってパソコンの付属カメラで、顔を出しながらKP法の発表ができることを確認した。

ポップスタンドは通販サイトで5個セット2500円ほどで買うことができた。それにA4の厚紙、75ミリ角の付箋、そしてマーカー数本を社員の自宅あてに送った。大成功だった。付箋をA4の厚紙に貼る瞬間が少し難しかったが、皆さんなかなか良いKP法を作り発表してくれた。この方法を使うことでオンラインでのKP法を使った参加型の研修や講座も可能になった。

KP法による思考整理の様々な工夫

思考整理法としてのKP法

本書の中で繰り返し「KP作りは思考整理」だと書いてきた。プレゼンテーション法としてのKP法を作成していくプロセスの中に「思考整理」という段階があるわけだが、KPセットを作る手順で思考が整理されていくことを考えれば、プレゼンのためではなく、ただ頭の中を整理したい時にKPを作ってみるというのも有効な方法だ。つまり、KP法はプレゼンテーションを前提としない「思考整理」単独の目的でも使えるということだ。

プレゼンテーション法は「人に見せながら伝えることを目的とした方法」であるのに対して、思考整理法は「自分の、あるいは自分たちの頭の中を見える化して整理するための方法」だ。目的が違う。しかし人に分かりやすく伝えるためには、まず自分の頭の中を整理しておく必要がある。だからKP法が「プレゼンテーション法」と「思考整理法」の2つの側面を持っているのはごく自然なことなのだ。

ここでは3つの思考整理のケースを紹介しよう。1人、2〜5人、10〜30人と単純に人数が違うだけで、思考整理のやり方も、使う道具も場所も違ってくる。紙の大きさと筆記具の太さに相互関連性があることはすでに何箇所かで書いてきたが、小さい用紙に太いペンでは文字が書けないし、大きい用紙に細いペンでは遠くから読むことができない。また紙のサイズは人数に比例して大きくなり、それに合わせて場所も変える必要があるだろう。

それでは順番に見ていこう。

●1人の思考整理

1人で思考整理するなら名刺サイズくらいの紙を用意するといい。使う場所は自分の机の上でいいが、可能な限り広い机を使ったほうが思考を自由に広げることができる。

1人での思考整理は、これはまさに「第3章　KP法の作り方」の「ブレスト編」から「下書き編」で詳しく書いているのでここでは概要だけにとどめる。この思考整理の目的はKP法のセットを作成するというゴールを目指す時もあるだろうが、必ずしもプレゼンテーションの機会が直近になかったとしても、自分の頭の整理のために10数枚のKPセット完成を想定した作業は有効だ。1人の思考整理の場合には以下のような段階を意識すると良いだろう。

まず「アイデアをたくさん出す段階」、つまり「ブレーンストーミング」の段階だ。次に「それらのアイデアを俯瞰し、シンプルに構造化し、不要な部分を削ぎ落とし、分かりやすいストーリーとして構造化する」等の諸段階だ。こうした段階を踏むことで自分の頭がよりクリアに整理されていく。この作業はもちろん必ずしも小さな用紙を使わずに、第3章で書いたいたずら書きや下書きのように、A4〜A3などの用紙に自由に（マインドマップのように）思考を広げ巡らせるという方法を取っても良い。やりやすい方法を各自の好みで選べば良いだろう。ただ、小さな用紙に書く方法は、並び替えの自由（「不要なものを視界から消してしまう潔さ」も含む）と、瞬時に（ではないかもしれないが）10数個のコンパクトなワードによって、頭の中が整理される気持ち良さがある。

●2〜5人の思考整理

2〜5人ほどの場合はA6サイズくらいの紙を使う。キーワードを書いて机上に並べ、2〜5人のメンバーで並び替え、言葉の精査をして、全体を構造化して、デザインして……、という段階を経て思考を整理していく。これは同じく第3章の「下書き編」で紹介している「ミニKP」を使った思考整理法だ。

ここで言う「思考整理」にはいくつかの要素が含まれている。基本的な段階としては「1人の思考整理」とほぼ変わらない。ただこの作業を複数人で行う場合、こうしたプロセスは「合意形成」のプロセスそのものでもある。

合意形成だからより「見える化」の重要性が高まってくる。お互いに「自分の考えていること」をなんとか他者に見えるようにしないと、「どこが争点なのか？」「何が食い違っているのか？」「どこに突破口があるのか？」「共通点はどこにあるのか？」も分からないまま、単なる妥協か、力関係による勝ち負けというプロセスの結果の、後味の悪い「合意形成」になったりもする。メンバー全員が納得のいく合意形成のために欠かせない「見える化」の手段として、「ミニKP」は手軽で取り入れやすい方法なのだ。

なお、複数人での思考整理（合意形成）の具体例としては、第2章の「KP法の場面」で紹介している「学校の授業（生徒が使う場面）」や、第3章の「番外編」の「複数人でKPを作成する方法」などを参照してほしい。

●10〜30人の思考整理

10〜30人の大人数で思考整理をする場合には、用紙も大きくなりA5サイズに、筆記具は水性マーカーの太字に、その用紙を置く場所は机上から壁面へと変わる。以下に詳しく紹介するが、これを僕は「A5カクハル」と呼んでいる。このくらいの人数になると、合意形成よりも情報共有の要素が強くなる。思考整理に加わる人数が、紙の大きさ（それはつまり字の太さ&大きさ）を規定し、書かれたカードの大きさと枚数が掲示する場所を規定している。少ない人数だったら平面に置いて上から眺められるが、大人数になれば上から眺めることは物理的にできなくなり、必然的に壁面への掲示となる。次の項でその具体的な方法について説明しよう。

A5カクハル

「A5カクハル」というイケてないネーミングはなんとかしたいと思いながら、なかなか良いネーミングに辿り着かない。「A5の用紙に字を書いて貼る、眺める、そして分類する、眺めながら対話を進める」という手法だ。10〜20人ほどの人が集まり、皆の頭の中の情報を共有し整理したい時に使える。

道具はA5の用紙（A4の半分）を人数×10枚程度、太字の水性マーカー（濃い色）、広い壁、壁にA5用紙を貼るテープ（あまり粘着力が強すぎないマスキングテープが良い）だけ。

当日参加者の共通の課題について、それぞれの問題意識や、それぞれが考えていること、知っていることなど、A5用紙に太いマーカーで5メートルくらい離れても読める大きさの字で書

A5カクハル

2019年白神ミーティングで約180枚のA5用紙を貼った後に「えんたくん」で対話

く。1枚には1つのことだけ書くというルールだ。このルールは、1人、2～5人の思考整理でも同じだ。3枚くらいしか書けない人もいれば10数枚書いてしまう人もいる。とりあえずほぼ全員の筆（マーカーですが）が止まったら次のステップへ。

まずはランダムに用紙を壁に貼っていく。マスキングテープを使うのは貼ったりはがしたり、つまり用紙を頻繁に移動させるためだ。時間があるようだったら、あるいは枚数が少ないようだったら、書いた人に書いたことについて少しずつ言葉を足して説明してもらいながら貼っても良い。全体を俯瞰して、大体の説明を聴き終わると、同じような意味のA5用紙があることに気が付き始め、どのように分類していったら良いかのアイデアがだんだん出てくる。この段階でのファシリテーションは状況次第で、可能なら成り行きに任せて参加者の意見を最大限尊重するようにする。徐々に分類が進むようだったら、それぞれの塊のタイトルを何か違った色の用紙に書く。書いた人からの簡単な説明は、この段階になってからしてもらうという方法もある。

用紙の大きさ、筆記具の太さ（＝字の大きさ）、壁面の広さは、そこでコミュニケーションをする人数によって変化する。ここで紹介した方法は10～20人（場合によっては30人）の頭の中を整理して俯瞰してみるという方法だ。もうお気付きと思うが、KJ法（川喜田二郎さん考案の情報整理法）そのものだ。KJ法が個人または数人の情報整理であるのに対して、この方法はもっと人数の多いケースに対応する手法だ。またKJ法が7センチ×3センチほどの小さなカードを使うのに対して、A5カクハルではA5サイズ（20センチ×15センチほど）の用紙を使う。

この違いだけだ。
ここで書かれたA５用紙から何枚かを取り出してＫＰ法として構成することも可能だ。

おわりに

『KP法　シンプルに伝える紙芝居プレゼンテーション』が世に出てから10年が経った。KP法の優位性は、少ない文字をシンプルに構成された絵として見せることで分かりやすく記憶に残りやすい点にある。そして長年続けてきて、もう一つの優位性も感じるようになってきた。それは、絞り込んだ文字情報を構造化して提示することで、受け手がプレゼンテーションを聴きながら考える「余白」が生まれ、その結果聴き手との・聴き手同士の「対話」が始まるという点だ。この10年、僕は優位性を実感しながらKP法を続けてきたわけだが、最後に、KP法が生まれる前そして生まれた頃のことを書こうと思う。少しのお付き合いをお願いしたい。

1980年春、僕は山梨県高根町（現・北杜市）清里にある、財団法人キープ協会（現・公益財団法人）に就職した。キープ協会なら、大学卒業後2年の間漠然と描いていた新しい挑戦「自然の学校」が始められるのではないかと思ったからだ。1979年秋に当時の財団の経営陣に向けて「自然の学校のようなものを始めたい」と就職動機を書いて送り12月13日が面接の日だった。その前日の昼過ぎ当時働いていた千代田区二番町のカフェに電話がかかってきた。「明日は清里に来なくていい。面接はなくなった。ポール・ラッシュさんが死んだ」。

僕には密かな野心があった。1970年代後半清里は民宿ブームで観光客が押し寄せ始めた頃だった。戦後すぐの復興時から時代が変わり、キープ協会が存在する意味が地域の人達にも、キープ協会で働く人達にも見えにくくなっていた。「自然の学校がキープ協会にとって次の時代の意味になる」、そんなことを考えていた。この意味をなんとか形にしてキープ創設者のポールさんに見てもらいたかった。ポールさんの体調がすぐれないことは聞いてはいたが、スタートラインに着く前に試合終了を告げられたかのような気持ちだった。落ち込んだ。

幸い翌春にキープ協会の職員に採用された。これは「自然学校を作ることにしました。川嶋くん頑張ってね」ということではなく、ただ人手不足だったということなのだけれど……。

就職して5年ほど経った1985年頃から、念願の「自然の中での学びの機会」（大人対象2～3泊20人規模）を始めることができた。そんな機会を作ると言っても真似する（参考にするような事例もなく、教えてくれる人もなく、勉強するにしても、記録も本もましてや当時なので動画もなく、ただ「こうかな、こうじゃないかな」という手探りでのスタートだった。

「エコロジーキャンプ」と命名したそのプログラムは、全国からすぐに定員の申込者を得ることができた。インターネットのない時代、広報にお金をかけることもできず、ほぼ口コミでの集客だった。1980年代に「エコロジー」というキーワードを使った教育的なイベントの開催はおそらく極めて珍しかったと思う。でも、「エコロジー」をキーワードにした出版物は少しはあったし、一部の雑誌では「エコロジー」に関連する特集が組まれることもあった。そんな時代に「エコロジー」をキーワードにしたイベントにピンときた参加者が全国各地から集まった。多くは20～30代の若い世代だった。もちろん参加条件に年齢指定などするわけないが、ちょうど当時の僕と同じくらいの世代の人達が「エコロジー」というキーワードに何か新しい時代の匂いを感じて集まってくれたのだ。

エコロジーキャンプと並行して「レンジャートレーニングキャンプ」という指導者育成プログラムも開始した。日本野鳥の会との共催事業だった。日本野鳥の会としては当時各地に設置され始めていた、通称「サンクチュアリ」と呼ばれた施設で働くスタッフの確保と育成が狙いでもあった。どちらのプログラムも年数回開催したが、最初のうちはとにかく「これも、あれも、あっちも、こっちも」なんでも伝えることに必死になっていた。4日間でどれだけ多くの情報を参加者に伝えるかが、参加者にとっての最大の貢献だと思い込んでいた。

エコロジーキャンプを始めて3年ほど経った時に、参加者から「川嶋さん、もっと僕等に時間を任せてよ」と言われた。その頃を境に、エコロジーキャンプの進め方はガラリと変化した。一言でまとめてしまうと「参加体験型・参加者主体型」の学びの時間を大事にする、という変化だ。これはエコロジーキャンプを始めた時、つまりゼロからイチを作った時と同じくらいの大きな変換だった。こちらにも「お手本」はない。僕等が受けてきた公教育にはない学びのスタイルだ。でも参加者が助けてくれた。参加者が少しずつスタッフに入ってくれるようになり、参加者から様々な提案をもらえるようになった。そして、試してみる、ふり返る、次の改善を考える、また試してみる……、まさにＰＤＣＡをぐるぐる回しながらの試行錯誤だった。

参加者を中心としたプログラムが増えるとともに、参加してもらうこと・体験してもらうことについて、事前のスタッフからの「説明」を「しっかり」と伝える必要が生じた。そして、しっかり伝えるための大切なポイントがいくつか分かってきた。

・伝えたい情報をできるだけ「シンプル」にして、「短時間」で伝え、「記憶できるような情報量」にまで絞り込む。同時に複雑な手順説明がどうしても必要な場合には、体験の時間をいくつかに区切って「ステップ1、2、3」というように段階を踏み、何回かに分けて体験手順の指示を行うようにする。

・伝える情報はできるだけ「見える化」する。情報量が増えれば増えるほど、誤って記憶されてしまうこともあるので、話し言葉を視覚的にも伝えて記憶の手助けをするようにする。可能なら、その視覚情報を体験の作業をしている時間中「掲示したまま」にしておく。

コピーして渡せばわざわざ掲示しなくてもいいじゃないかと思われるだろう。全くその通りなのだが、こうした手順は直前に指示内容が変更される場合が多い。掲示なら変更はすぐにできる。印刷となると時間も労力も余計にかかる。そんなこともあって、だんだんキーワードをその場で掲示する方法が当たり前になってきた。

まさにこの時が僕にとってのKP法の誕生の瞬間だった。つまり、KP法は「体験型の実習時の手順説明の方法」として誕生したのだった。しかしKP法が川嶋の発明だというのは語弊がある。1990年代に各地の環境教育の指導者の交流の機会があった。そこでフリーランスのファシリテーターである川島憲志さんがKP法（当時はこの呼び名はなかったが）風な手法を用いながら講義していた。川島憲志さんはその時、その方法を手順説明の道具としてではなく講義の補助道具として使っていた。

僕にとってのKP法は前記のような「手順説明」の道具としての使われ方が最初だったが、その後、主に考え方や概念を伝えようとした場合の「講義の補助」として使うことも増えていった。講義を視覚的に補助する方法としてはパワーポイントとの「競争」でもあったが、言うまでもなくこの競争の勝者はパワーポイントだった。

ただ、KP法にはパワーポイントにはない魅力があった。この魅力とその作り方について丁寧に語るのがこの本の目的だが、この本の読者の皆さんのうちの何割かの方は、すでにその魅力に気付いていてKP法を使い続けているのではないだろうか。

この本は多くの方のお力を借りることによって誕生した。特に根気よく編集作業に付き合ってくれたみくに出版の大吉明佳さん、イラストを担当してくれた岸智子さん、本当にありがとうございました。そして元みくに出版社長の安修平さんには２０２１年春頃からの企画段階で様々なアドバイスをいただいた。また飯島邦子さんにはKP法のもう一つの優位性に気付かされた。さらに芦沢壮一さん、朱恵文さん、今岡まゆみさんにも企画段階でアドバイスをいただき、菅山明美さんには資料を提供していただいた。皆さんに心よりの感謝を申し上げたい。

プレゼンテーション

対面で

- ホワイトボード
- 書画カメラ →149ページ
- ポスター発表 →152ページ
- パワーポイント化 →155ページ
- 大型スクリーン投影 →158ページ

オンラインで

- A5用紙紙芝居 →161ページ
- A4用紙1枚 →163ページ
- ホワイトボード →165ページ
- ポップスタンド →166ページ

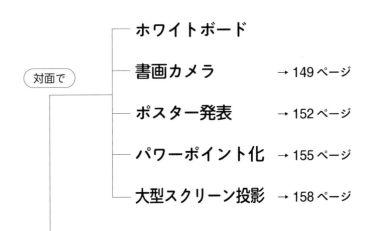

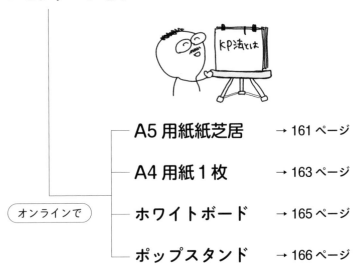

KP法の兄弟地図

KP法から派生した様々な工夫の見取り図をKP法の兄弟たちの地図としてまとめた。それぞれの工夫には名前が付けられ、この本のどこに登場しているかのページも書いた。この本の「もうひとつの目次」であり「索引」的な地図でもある。KP法の世界を俯瞰するつもりで眺めてほしい。

1人で

ミニKP
(名刺サイズ)

→ 94ページ

→ 169ページ

思考整理

KP法

ミニKP
(A6サイズ)

→ 59ページ

→ 110ページ

→ 170ページ

合意形成

複数人で

A5カクハル

→ 172ページ

こうして整理してみると、KP法がいくつかのカテゴリーに分類できることが分かる。大きくは「プレゼンテーション法」と「思考整理法」に、さらにプレゼンテーション法は「対面／オンライン」に、思考整理法は「1人／複数人の合意形成」に。あなたもこの地図に新しい工夫を書き加えていってほしい。

川嶋 直（かわしま ただし）

川嶋直事務所代表。

公益社団法人日本環境教育フォーラム主席研究員（2014～2022年理事長）。NPO法人自然体験活動推進協議会理事。一般社団法人日本インタープリテーション協会理事。

1978年早稲田大学社会科学部卒業。1980年代に財団法人キープ協会（山梨県北杜市）で環境教育事業を組織内起業。以降30年間にわたり参加体験型環境教育プログラムの開発と人材育成を行う。

2005～2010年には立教大学大学院異文化コミュニケーション研究科特任教授も務める。

2010年キープ協会役員退任後は、自身が普及に努める「KP法」や「えんたくん」などの参加型コミュニケーション手法を駆使して、年間数十回の企業研修、ワークショップ、セミナーなどを行っている。2020年4月以降は全てのセミナー・講座・フォーラムがオンライン化され、Zoomを使ったオンラインファシリテーションのスキルも磨いている。オンラインでもアナログなコミュニケーションの可能性を多く見出している。

近著は『川嶋直流　人材育成コミュニケーション術～体験学習から研修事業まで』（自然・文化・創造研究所）。

関連書籍

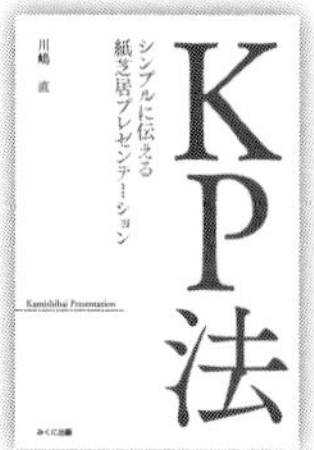

『KP法
シンプルに伝える紙芝居プレゼンテーション』

川嶋 直［著］ 2013年 みくに出版

誰でも、どこでもすぐにできる超シンプルなプレゼンテーション＆思考整理法であるKP法（紙芝居プレゼンテーション法）の利点や方法と、そのベースになる人と人とをつなぐコミュニケーションのポイントを、初めての人でも理解できるようにイラストや写真を使ってわかりやすく解説した入門書。

『アクティブラーニングに導く KP法実践
教室で活用できる紙芝居プレゼンテーション法』

川嶋 直・皆川雅樹［共編著］ 2016年 みくに出版

高校を中心に小学校から大学、学習塾の全国の先生方の、KP法を活用した様々なアクティブラーニング型授業の実践例をレポート形式で紹介。KP法の生みの親である川嶋直氏による、プレゼンテーション、コミュニケーションについての提言やKP法を実践する上でのポイント＆アドバイスも掲載。

『えんたくん革命
1枚のダンボールがファシリテーションと対話と世界を変える』

川嶋 直・中野民夫［共著］ 2018年 みくに出版

人々が円座になると「場」と「対話」が劇的に変化する。円卓（ラウンドテーブル）を簡単に作れる直径1メートルの丸いダンボールの板「えんたくん」を使えば、ファシリテーションや課題解決、合意形成の方法を大きく変化させることができる。魔法のような道具「えんたくん」の使い方、活用事例を紹介した一冊。

『社員全員をファシリテーターに
学び合う会社に育てる研修設計
日能研ファシリテーション・トレーナー・トレーニングのすべて』

武石 泉・川瀬雅子・川嶋 直［共著］ 2019年 みくに出版

新しい時代に向けて企業を根底から改革するためには、すべてのスタッフがファシリテーターに変わる必要がある。それにいち早く気づき5年間にわたり実施してきた中学受験塾日能研の研修のすべてを公開。研修の様子に加えて、研修企画者が用いたプログラムや参考にした手法なども詳しく紹介。

本書はすべて森林認証紙を使用しています。
カバー：ミセス B-F
表　紙：ブンペル
見返し：ブンペル
本　文：マルガリーライト FSC

対話を生みだすKP法
アナログプレゼンテーションのすすめ

2023年3月15日　初版第1刷発行
著　者　川嶋　直
発行人　福村　徹
発　行　株式会社みくに出版
〒150-0021　東京都渋谷区恵比寿西2-3-14
電話 03-3770-6930　FAX 03-3770-6931
http://www.mikuni-webshop.com/

ブックデザイン　古屋真樹（志岐デザイン事務所）
イラスト　岸　智子

印刷・製本　サンエー印刷

ISBN978-4-8403-0837-3　C0034